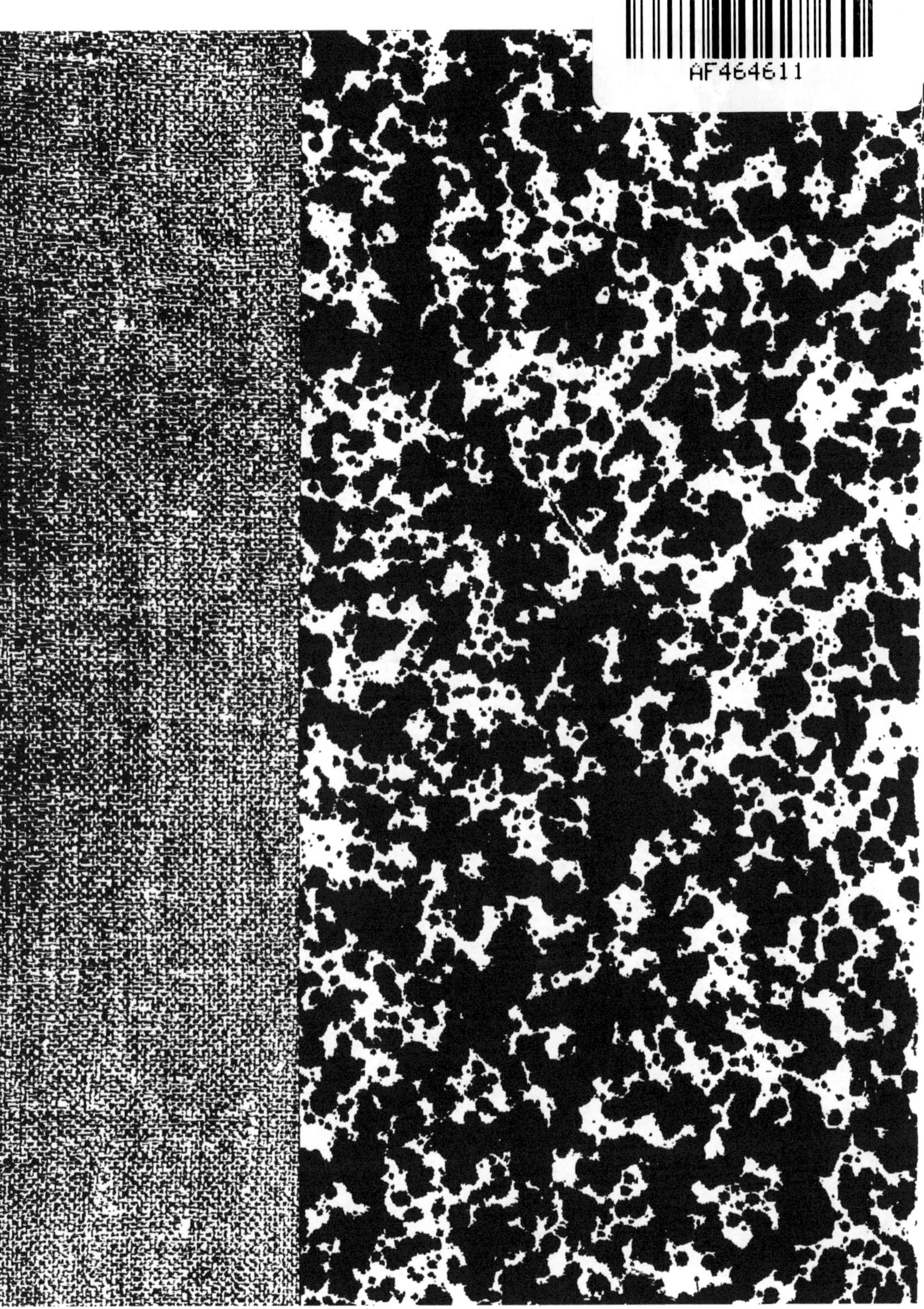

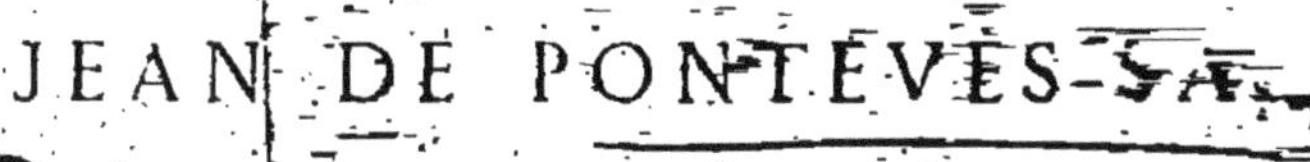

JEAN DE PONTEVÈS-SA

CAPITAINE-COMMANDANT AU 1er HUSSARDS

L'INDE
A FOND DE TRAIN

avec une carte-itinéraire de l'auteur

NOUVELLE ÉDITION

PARIS

ALPHONSE LEMERRE, ÉDITEUR

27-31 PASSAGE CHOISEUL, 27-31

M DCCCLXXXVII

L'INDE

A FOND DE TRAIN

LA PREMIÈRE ÉDITION DE CE LIVRE,

illustrée par l'auteur (1886),

A ÉTÉ PUBLIÉE

par la Société des Publications périodiques

JEAN DE PONTEVÈS-SABRAN

CAPITAINE-COMMANDANT AU 1er HUSSARDS

L'INDE

A FOND DE TRAIN

avec une carte-itinéraire de l'auteur

NOUVELLE ÉDITION

PARIS

ALPHONSE LEMERRE, ÉDITEUR

27-31 PASSAGE CHOISEUL, 27-31

M DCCC LXXXVII

Garde à vous !

Je ne crois pas plus avoir écrit un livre que je ne me figure avoir découvert l'Inde : j'ai tout simplement mis au net mes notes de voyage, et, sur l'instance de mes amis, je les présente au public, en réclamant son indulgence pour l'auteur — qui est un soldat.

A L. DE BEYLIÉ,

CHEF DE BATAILLON D'INFANTERIE DE MARINE

Mon cher Léon,

C'est vous qui m'avez entraîné dans l'Inde ; c'est vous qui avez dirigé notre RAID *au pays du soleil. En vous dédiant le journal de notre voyage, je ne fais que vous rendre ce qui vous est dû ; acceptez donc le parrainage de* L'INDE A FOND DE TRAIN, *— du même cœur que vous l'offre*

Votre vieil ami

JEAN.

L'INDE A FOND DE TRAIN

CHAPITRE PREMIER

Veni, vidi, scripsi.... ut potui.

Adieu Marseille ! — Ma lune de miel avec Amphitrite. — Naples et la Méditerranée. — Un coin de terre des Pharaons. — Port-Saïd. — La mer Rouge. — Périm. — Aden (la ville noire, les danseuses et les citernes). — L'océan Indien. — L'archipel des Maldives. — Arrivée à Ceylan.

Marseille (quai de la Joliette).

17 février 1884.

Le désir de changer d'air et d'éperonner un peu la *Machine ronde*, est cause que le dimanche, 17 février 1884, à 10 heures du matin, je monte à bord du

*Natal** en partance pour l'Indo-Chine, avec mon camarade et ami le capitaine de Beylié.

Sur le pont nous attendent nombre de parents et d'intimes, venus pour assister à notre départ.

Nous échangeons force poignées de main au travers d'un véritable *déferlement* de gens affairés de toutes manières, de porteurs de colis de toutes sortes et de curieux de toutes provenances ; mais bientôt, la cloche du bord, maniée dextrement par un *Celestial* au sexe incertain, apaise tout ce mouvement, en chassant hors de notre arche ceux qui n'ont pas le droit ou le devoir d'y habiter. A onze heures, enfin, notre colosse hurle et glisse entre ses deux accotements de pontons couverts d'une multitude amie agitant, en signe d'adieu, mouchoirs et chapeaux, et, pendant que, tout autour de nous, la brise de mer secoue les pavillons bigarrés des navires, devant lesquels nous défilons majestueusement, à notre gauche, Marseille, dans sa poudre d'or matinale, fredonne mille refrains joyeux sur ses carillons du dimanche, — et dans les airs, droit

* *Natal* paquebot de la Compagnie des Messageries maritimes : 131 mètres de long sur 12^{m}07 de large et 10 mètres de creux. Jaugeage : 3,629 tonneaux. — Machine : 600 chevaux. — État-major : 12 officiers y compris les mécaniciens. — Équipage : 136 hommes. — Capitaine : M. Didier, lieutenant de vaisseau.

devant nous, la Vierge de *la Garde* brille resplendissante.

Comme nous doublons le môle de la jetée, une dernière envolée de mouchoirs nous accueille ; nous ripostons énergiquement, le *Natal* met le cap au sud-est... ma lune de miel avec *Amphitrite* est commencée !

Sera-ce bien une lune de miel ?...

Après avoir dépassé l'île de *Mayre*, la mer devient forte, le vent fraîchit, puis devient glacial, mon cœur est hésitant ; nous passons entre les îles d'Hyères et la côte ; Toulon se devine à l'ombre du *Faron ;* la terre s'évanouit...

Au revoir, *plaisant pays de France !*

La mer augmente encore a la tombée de la nuit ; le *Natal* remue fort ; je remue plus que lui, mon cœur se cramponne à moi, qui me cramponne où je peux.

Les grandes manœuvres de l'estomac battent leur plein...

Je me traîne misérablement dans ma cabine...

Hélas ! — ma lune de miel n'est qu'une lune rousse.

18 février.

Au matin, je monte sur le pont où je trouve mon ami frais et dispos ; je n'en dirai pas autant de moi-même. Pendant la nuit, nous avons doublé le cap Corse et nous rasons présentement la côte sud de l'île d'Elbe. — Croire que l'aigle, qui avait plané sur le monde, consentirait à se poser pour toujours sur ce rocher situé à quelques coups d'ailes seulement de son empire, était une bien grande naïveté de la part des Anglais!...

Nous laissons à notre droite *Pianosa*, le *Nouméa* italien, puis un îlot rocailleux* qui doit un fameux cierge à Alexandre Dumas.

La mer redevient forte; je suis la progression inverse; vers cinq heures, la côte d'Italie apparaît à notre gauche et nous protège un peu contre le vent. A la nuit, la Thyrrhénienne se met tout à fait en colère... *Dies iræ, dies illa!*

19 février.

A cinq heures du matin, nous sommes en rade de Naples; nos préparatifs pour descendre à terre sont promptement faits; le thermomètre marque + 2°.

Sur Naples, encore endormie, plane comme un duvet de vapeurs laiteuses qui lui donne un

* L'île de Monte-Cristo.

air maladif; mais bientôt le soleil, se levant entre les deux sommets du Vésuve, inonde de ses rayons le panorama qui devient transparent, puis rose.

Je n'ai pas la prétention de faire ici une description de Naples; j'arriverais un peu en retard pour cela; cependant je dois donner mon impression puisque j'écris un journal. Donc, je dirai que la célèbre *Parthénope* m'apparaît comme un grandiose surtout de table, en forme d'éventail, dressé sur une nappe de damas bleu paon à reflets mauves; admettons que, du côté de l'Orient, le Vésuve soit un gigantesque *Samovar*, et ma description est terminée.

Un sale bateau, monté par de sales gens, nous dépose bientôt au débarcadère, où nous attend une cohue de marchandes de fleurs et de *cicerones*. Comme nous tenons à utiliser les trois heures que nous devons passer à terre, le plus obstiné de ces derniers a bientôt raison de nous.

Cet *alphonso* breveté nous pousse dans un landau attelé de deux rosses bardées de harnais ruisselants de cuivres de mauvais goût, mais supérieurement astiqués, et fouette cocher à travers la ville!

Mon impression première est, qu'à part les monsignors, les abbés, les militaires et les chevaux de place, tout est sale et mal tenu à Naples.

Nous croisons à chaque pas des prêtres, ou plutôt, des gens revêtus de soutanes, marchant le nez au vent, des monsignors de douze à quinze ans, à l'œil éveillé, et des religieux bien différents, comme tenue, de ceux de France. De quelque côté qu'on se retourne, on tombe sur une église ou sur une chapelle; on en construit de nouvelles à deux pas des vieilles, non réparées : — c'est à croire que chaque habitant a la sienne ou l'aura. Quant aux reliquaires et aux statues de saints et de saintes, leur nombre est incommensurable.

Maintenant, si vous me demandez comment il se fait que, malgré cette rosée sanctifiante et cette pluie de bénédictions, les Napolitains soient eux-mêmes si peu saints, je vous répondrai — que le Dieu des Chrétiens n'aime vraisemblablement pas les *idolâtres*.

En résumé, Naples est un *Saumur ecclésiastique* où Dieu est encore plus mal servi que partout ailleurs. Et qu'on ne m'accuse pas d'attaquer la religion en formulant cette critique : l'habit ne fait par le moine..., heureusement !

Au milieu de ce capharnaüm, aussi coloré que mal fleurant, le plus incohérent des peuples bâille, mendie, se signe, se pommade, se confesse, chante, *fa el farniente*, chasse à la vermine, et vit de superstitions, de macaroni et de choux-fleurs, sans jamais se laver. Néanmoins, on retrouve chez le Napolitain, tout dégénéré qu'il est, quelques traces de ses ascendants : ainsi les charretiers en haillons tapageurs, conduisant debout leurs *triges* de mules couvertes d'ornements dorés, font de loin, l'imagination aidant, — l'effet d'empereurs romains archidéchus allant au Mont-de-piété engager leur dernière *Chlamyde*.

Disons, en passant, que la chapelle du prince *San Severo* est un vrai chef-d'œuvre bondé d'autres chefs-d'œuvre ; le *Christ au suaire* et les statues du prince et de la princesse sont les pièces capitales de cet oratoire-musée. Mais quelle rue il faut affronter pour atteindre ces merveilles, et quelles odeurs il faut renifler !...

L'*aquarium et la Chiaja* ont été décrits cent fois ; je me borne à dire qu'ils sont à hauteur de leur réputation.

La cathédrale renferme des curiosités remarquables, entre autres les reliques de *Saint Janvier* ; mais les prêtres y confessent en plein air, en dévisageant les visiteurs, les sacristains vous tendent la main, sans pudeur et sans merci, devant chaque objet d'art ou de dévotion, et notre cicerone ne cesse de nous répéter : *gare à vos poches!*

Nous remarquons, tout en regagnant le quai, que presque tous les chevaux sont conduits à l'aide d'un *caveçon*, ce qui leur permet, grâce à ce point d'appui, de trotter relativement vite sur les dalles incisées formant le pavage de la ville.

A onze heures, nous rallions notre *Natal* dont les flancs sont entourés d'une flottille de bateaux chargés d'indigènes des deux sexes. Les uns, aussi malpropres que peu vêtus, plongent et replongent dans l'onde glacée pour attraper les pièces blanches, voire même les sous qu'on leur jette par pitié ; pendant ce temps, les autres serinent impitoyablement des barcarolles de la plus pure couleur locale, avec accompagnement d'instruments de *réforme*.

Au milieu de ce charivari, trois petites Sœurs des Pauvres montent à bord pour quêter. Enfin, nous pourrons dire que nous avons rencontré à Naples trois visages sympathiques et désintéressés !

A onze heures et demie nous levons l'ancre. Nous laissons à droite *Procida*, *Ischia* et le cap *Misène*, à notre gauche, *Torre del Greco*, le port militaire de *Castellamare*, *Sorento*, puis le cap *Campanella :* Virgile *for ever !...*

Comme nous longeons l'île de *Capri*, on m'y fait remarquer une énorme roche percée à jour en son centre : — encore une cruauté de *Tibère*, peut-être !

Bientôt, en arrière de nous, la silhouette empanachée du Vésuve s'atténue insensiblement, et *Naples*, la belle, devient une grisaille ; puis le vent fraîchissant, nous mettons de la toile ; *Salerne* nous apparaît au loin, enfin la côte d'Italie s'efface et finit par disparaître. Je fais de même... il était temps !

20 février.

Pendant la nuit nous traversons le détroit de Messine ; le *Natal*, pour ne pas faire mentir sa réputation de bon marcheur, file ses quatorze nœuds ; nous sommes emportés, vent arrière, et balancés par un tangage largement rythmé, qui me donne l'illusion que le lit où je me suis réfugié marche plus vite que moi. J'ai beau faire des efforts désespérés pour le suivre : hélas ! — mon lit n'est pas seul à m'échapper... A huit heures, je me hisse sur le pont. La mer d'Ionie a sans doute pitié de moi et se calme ; le soleil bassine l'atmosphère, qui devient tiède ; tout va bien.

A midi, le point affiché marque :
Latitude nord : 37° 12'.
Longitude est : 15° 25'.
Nous sommes à 806 milles* de Port-Saïd :

Vers minuit, je suis réveillé par un raclement formidable ; je cherche à comprendre ce qui se passe. Comme, pour arriver à ce résultat, il faut bouger, je préfère me *réassoupir*, ignorant et résigné.

21 février.

On m'explique, au matin, que la machine ayant subi une forte avarie, nous avons dû rester quatre heures immobiles : — le mot immobile me semble exagéré. On me raconte, en même temps, que quelques passagers, croyant leur dernière heure venue, se sont précipités sur le pont, en déshabillés galants, mais les reins sanglés de leur ceinture de sauvetage :

Illi robur et æs triplex
Circa pectus erat.....

Vers huit heures, nous laissons à notre gauche la Grèce, dont les montagnes nous apparaissent

* Le mille vaut 1.852 mètres.

couvertes de neige. Le vent mugit; la mer Ionienne en revient à ses premières amours !

A trois heures, nous sommes par le travers d'un monumental plat d'œufs à la neige : c'est la *Crète*.

Salut, ô mont *Ida !*

A la nuit, la mer est démontée; une vague inonde l'entrepont où je me suis réfugié pour écrire mon journal : je n'attends pas la seconde. Tout tourne, tourne, tourne...

22 février.

Tout continue à tourner...

23 février.

A cinq heures du matin, le *Natal* stoppe. Je monte sur le pont; nous sommes en vue de *Port-Saïd*, attendant un pilote.

Devant nous, deux immenses brise-lames, formés d'énormes blocs de béton, servent d'antennes protectrices à l'entrée du canal; au loin, la terre d'Égypte apparaît comme un passe-poil jaunâtre au manteau bleu de l'horizon.

Bientôt le pilote monte à bord. Nous nous

remettons en marche. *Port-Saïd* surgit tout à coup à nos yeux, et, à sept heures, nous stoppons de nouveau vis-à-vis des bureaux des Messageries. Pendant qu'une cohue de diables noirs emplit de charbon le ventre de notre colosse, nous descendons à terre.

Ici, nous quitte un jeune Anglais charmant, lord *Airlie*, officier au 10e hussards. Ce gentleman rallie son régiment, actuellement à Souakim ; il est tout feu, tout flamme, ce que nous comprenons bien. « *Pourvu qu'on ne se batte pas sans moi !* » répète-t-il à chaque instant.

C'est de grand cœur que nous lui souhaitons bonne chance *.

Port-Saïd se compose d'un groupe important de maisons européennes orientalisées : c'est la ville blanche, et d'un ramassis de cases orientales alignées à l'européenne : c'est la ville noire. Le mercantilisme enlève malheureusement à cette triste ville, bâtie sur un banc de sable séparant le lac *Menzaleh* de la mer, presque tout son cachet oriental.

Dans la ville blanche, l'*Eldorado* et le *Casino* sont le *clou* de la situation. Chacun de ces éta-

* Lord *Airlie* a reçu au combat d'*Abou-Klea* deux blessures, non mortelles heureusement.

blissements possède un orchestre de femmes allemandes et valaques et une roulette.

Dès qu'un navire est signalé, deux coups de grosse caisse, donnés par la vierge de garde, avertissent les amazones mélomanes de l'arrivée d'amateurs.

Toutes se rendent immédiatement à leur poste ; elles attaquent, impassibles : ouvertures, valses et polkas, quêtent fièrement après chaque morceau, absorbent avec dignité autant de bocks qu'on veut bien leur en offrir, — mais ne consentent jamais à sortir de ce programme.

Au bout d'un certain nombre d'années, quand ces demoiselles ont ramassé honnêtement une dot dans ce milieu malhonnête, elles regagnent leur patrie, épousent celui pour l'amour duquel elles ont fait toute cette musique et ont, dit-on, beaucoup d'enfants...

Quant à la roulette, pour n'y pas perdre, il est indispensable de ne jouer qu'avec des pièces fausses. D'ailleurs, toutes les monnaies de l'univers ont cours dans cet établissement, où la tolérance monétaire ne connaît pas de bornes.

Les boutiques de *Port-Saïd* renferment les marchandises et les objets les plus variés et les plus disparates.

Un boucher vend aussi bien des plumes d'autruche que des queues de veau, et un marchand de chapelets de Jérusalem joint également — à son pieux commerce, la vente de photographies d'une obscénité peu commune.

Les cabanes de la ville noire sont peuplées de pouilleux, de pouilleuses et de petits pouilleux.

Nous croisons des Soudanaises luisantes portant leur enfant nu, à cheval sur une épaule, des femmes *fellah* drapées de bleu et *progressant* comme des déesses; des juives, capitonnées et dodelinantes de partout, et, pêle-mêle, un *grouillis* de mâles et de femelles de toutes les couleurs et de toutes les odeurs, conservant, sous leurs haillons, une dignité qui semblerait une farce, si on ne se savait en Orient.

Dans une mosquée percée à jour, de fidèles croyants luttent d'attitudes excentriques, pour qu'*Allah* accueille favorablement leurs prières; quelques autres, assis en cercle, font, sans colère, la guerre à leurs parasites inamovibles, et semblent éprouver quelque soulagement à échanger entre eux leurs infimes tortionnaires (les petits cadeaux entretiennent l'amitié); plus loin, d'horribles mégères couleur de suie cherchent, par des contorsions, des grimaces et des attitudes intraduisibles, à nous attirer dans les *bauges* où elles exercent leur triste métier.

Nous courons encore !

Sur le quai, je remarque quinze Arabes attelés à une charrette que deux hommes suffiraient à traîner. — Encore le véhicule n'avance-t-il pas ; chacun des quinze compte sur son voisin et réciproquement. Quels fainéants ! L'Oriental a surpassé la tortue de la fable ; elle, au moins, se hâtait lentement.

Après une visite au maigre square *Lesseps*, nous remontons à bord.

Vers midi, nous entrons dans le canal, qui déroule tristement devant nous, entre deux rives désolées, son bleuâtre ruban. A notre droite, les eaux jaunes du lac Menzaleh sont constellées d'oiseaux aquatiques : cigognes, canards, pélicans, flamants, ibis, gros martins-pêcheurs, etc., etc., se sont donné là rendez-vous. Tout ce monde ailé pêche, volète, s'épluche, se chamaille et nous fait passer le temps.

A propos de *phénicoptères*, Chateaubriand a dit, je ne sais où, qu'au vol, un flamand ressemble à une flèche empennée : cette comparaison est tout à fait exacte.

Le froid est très vif ; il pleut de la neige fondue ; ce n'est cependant qu'un grain, car bientôt le soleil reparaît.

Vers sept heures, nous amarrons un peu au

sud de la gare d'*El-Kantara*, pour passer la nuit, qui arrive rapidement.

L'occident est safran, des nuées d'oiseaux passent et repassent au-dessus de nos têtes, un chacal longe sournoisement la berge du canal, et sa silhouette, se détachant en noir sur le ciel orange, me fait penser, malgré moi, aux poteries égyptiennes que j'ai vues au Louvre.

Je m'endors sur cette vision quarante et une fois séculaire.

24 février.

On nous réveille à sept heures, pour nous prévenir qu'il y a messe à bord.

Dans le salon du gaillard d'arrière, sur un autel primitif recouvert du pavillon national, *M. de Courmont* évêque de Zanzibar, assisté de trois missionnaires, dit, avec infiniment de dignité, une messe plus imposante par sa simplicité que les cérémonies les plus solennelles. Pas d'orgues, pas de chants : — seul le brutal trémolo de l'hélice accompagnant des prières à peine entendues.

Voilà une messe qui ne m'a pas paru longue !

A neuf heures nous traversons le lac *Timsah* où nous trouverons garé le *Djemmah* portant les malles de Chine. Quelques dépêches et les saluts réglementaires échangés, nous continuons notre route.

A droite, nous apercevons *Ismaïlia*, qui, honteux de sa décadence, se cache dans le sable; le jardin *Champollion* agite en vain sa pauvre chevelure d'arbres phthisiques, pour nous faire croire que la terre des Pharaons n'est pas absolument réfractaire à toute végétation. Personnellement, j'en doute. On me fait remarquer le palais du *vice-roi*, tombant en ruine, et un élégant bâtiment à demi enseveli sous les sables.

— C'est là, que la plus belle des impératrices a reçu les hommages du monde entier...

Que reste-t-il de ce féerique passé? Ici une ruine, là-bas une martyre. *Dieu seul est grand, mes frères...*

Nous continuons doucement notre marche réglementaire (cinq nœuds à l'heure); le soleil nous fait une courte risette pour nous permettre d'observer de curieux effets de mirage, et, à trois heures, nous entrons dans les *Lacs amers*, vraie mer intérieure reconstituée par le génie de M. de Lesseps. Le *Natal* augmente bientôt sa vitesse et la porte à quatorze nœuds. A ce moment, l'eau est émeraude, le ciel lilas, et le désert jaune d'ocre.

A cinq heures et demie, nous rentrons dans le

canal, qu'un vol de cigognes et de grues semble nous abandonner, tandis que sur la rive africaine, un chacal étique et trois chameaux calleux nous regardent passer, avec une suprême indifférence.

Dans le lointain, Ismaïlia nous apparaît tout rose.

Bientôt nous sommes en vue de la dernière gare précédant *Suez;* elle est libre : tout le monde est content, car nous avons ainsi la certitude de sortir du canal avant la nuit.

Le chef de gare m'a l'air rogue, sous son casque blanc. J'en fais la remarque à un voisin qui me raconte à peu près ce que je vais vous narrer.

Tout est loin d'être rose, en général, dans le service du canal; chacun sait ça.

Quant au service spécial des gares, c'est encore pis; la surveillance devant être constante, deux employés sont indispensables à chaque station; l'un veille pendant que l'autre se repose.

Or, ces deux employés sont, ou tous les deux mariés, ou tous les deux garçons, ou bien l'un est marié et l'autre est garçon.

Dans le premier cas, les deux femmes, sous l'influence de ce climat énervant, s'*effarouchent* le *chignon* à tout propos; dans le second cas, les deux collègues, promptement aigris par le jeûne ou l'abstinence, ne peuvent plus se voir sans s'injurier, et, dans le dernier cas, l'employé garçon fait nécessairement une cour à mort à la femme de son camarade, quand celui-ci est de service: d'où, conflit permanent.

J'ignore à quelle catégorie appartient le chef de gare dont j'ai remarqué la nervosité, mais si un de mes lecteurs trouve une solution à ce dilemme en trois propositions, j'en ferai part à la Compagnie du canal.

Vers six heures et demie nous sortons du canal, et nous prenons possession de la mer Rouge : *Hurrah for Lesseps !*

Pendant que je cherche à distinguer Suez dans la pénombre, l'horizon, qui était rouge, prend pendant trois minutes une teinte verte, puis redevient rouge; c'est un phénomène connu par les marins sous le nom de *rayon vert*. Je laisse aux érudits le soin d'en donner l'explication scientifique.

Après un arrêt de trois heures, employé à débarquer les voyageurs et les marchandises arrivés à destination, nous fendons les flots que les Hébreux traversèrent sans même humecter la plante de leurs pieds plats. Nous sommes moins heureux qu'eux, car cette mer célèbre nous accueille par un grain où la grêle le dispute à la neige fondue; les grêlons faisant même office de ramoneurs dans les deux cheminées du *Natal* nous inondent de suie. Donc, la mer Rouge est pour nous la mer noire...

25 février.

Je me lève à sept heures. La mer Rouge est bleu de Prusse; quelqu'un m'affirme que les côtes granitiques que j'aperçois ont une teinte d'ocre, et que, de l'ocre au rouge, il n'y a qu'un pas.

Un géographe atteint de daltonisme suraigu, d'hystérie pourprée, ou mieux, d'un saignement de nez colossal, a seul pu donner un nom semblable à cette mer, qui fait tout ce qu'elle peut pour démériter son nom : tel est mon avis.

En tous les cas, les soldats des Pharaons n'y ont vu que du bleu comme moi, le passage de la mer Rouge s'étant effectué, vraisemblablement, aux *Lacs amers*.

A notre gauche, une chaîne de montagnes arides et volcaniques court le long de la côte sablonneuse, son point culminant est le mont *Sinaï*, d'hébraïque mémoire. Nous dépassons bientôt le cap *Mohamed*; puis, la côte désolée de l'Arabie s'évanouit.

A midi la chaleur commence à se faire fortement sentir ; on double les tentes du pont ; quelques voyayeurs exhibent des lunettes bleues et des casques préservateurs.

Vers six heures, le soleil se couche superbe et nous aveugle de ses rayons qu'il va retremper à notre intention. *Vénus* le remplace avantageusement ; elle est tellement belle, tellement brillante, tellement pleine, — que c'est à croire qu'elle est dans un état intéressant.

26 février.

Au réveil, il fait déjà très chaud, Phébus a tenu sa promesse ; j'ai mis ma *mauresque* pour le recevoir.

A neuf heures trente-cinq, nous passons, sans douleur, le tropique du *Cancer ;* dans l'après-midi, on ajoute des rideaux aux tentes et on ajuste les *punkas* *.

Comme les sujets de distraction deviennent de plus en plus rares, nous instituons, entre passagers, une *poule* quotidienne à un franc. Celui dont le numéro tiré au sort correspond au

* Sorte de grands éventails fixés au plafond et agités par des serviteurs spéciaux.

point affiché à midi, par ordre du capitaine, est le gagnant. Étant donné ma veine habituelle, je suis déjà fixé sur le nombre de fois que j'encaisserai la poulette.

27 février.

La température s'échauffe de plus en plus, les punkas deviennent indispensables, nos Chinois font merveille.

A la nuit, la mer devient phosphorescente, le *Natal* semble froisser une nappe de satin vert, moirée d'argent, de nacre et de feu, en laissant derrière lui comme une immense voie lactée de diamants.

C'est féerique!

28 février.

Vers huit heures nous laissons, à notre droite, les îles *Zukur*, et, à notre gauche, les îles *Abou-Ayle*, en partie formées de guano. Deux vapeurs échoués sur les récifs de Zukur nous prouvent, par l'évidence, qu'on a raison de considérer ce passage comme dangereux.

Dans la journée, nous voyons un gros requin à quelques mètres du bord, sa nageoire dorsale émerge seule, mais nous distinguons parfaitement son corps à fleur d'eau.

A quatre heures nous sommes à hauteur de l'île de *Périm* que nous laissons à tribord. Cette loge du portier-consigne de la mer Rouge ressemble à un gros turbot pétrifié. Je ne puis pas m'empêcher de plaindre la malheureuse garnison de ce fortin perdu, auquel trois grands paquebots éventrés semblent faire une garde d'honneur avec les tronçons de leurs mâts.

Au moment où nous doublons les rochers déchiquetés et chauves du cap Périm, le *Melbourne*, courrier d'Australie de la compagnie des Messageries Maritimes, frère jumeau du *Natal*, nous croise à portée de paroles. Les bordages des deux frères se couvrent instantanément de mouchoirs ; on dirait d'une double envolée de colombes : *à Dieu va!*...

Abandonnant enfin le détroit de *Bab-el-Mandeb*, nous débouchons dans le golfe d'*Aden*, où nous sommes accueillis à grands coups de lames, et, pendant que le soleil descend vers l'horizon en irisant de chrome le ciel, sous l'œillade assassine de *Vénus*, la nouvelle lune, toute pâlotte, fait les cornes à celle-ci, et la *Croix du Sud*, resplendissante, prend possession du firmament.

Pendant la nuit, grâce à la complicité de mon

sabord, une vague éhontée vient partager ma couche; nouveau Joseph, je lui abandonne carrément ma chemise, — mais je conserve une forte dent à mon sabord.

29 février.

A minuit, nous avons jeté l'ancre en rade d'Aden.

Je suis réveillé, dès quatre heures du matin, par des hurlements paraissant sortir de gosiers d'animaux.

Je monte sur le pont.

Notre paquebot est entouré d'une flottille de légers troncs d'arbres, creusés en forme de pirogues, et montés par de jeunes sauvages de différents formats, mais succinctement vêtus, criant à tue-tête : *A la mer ! à la mer ! bakchiz ! bakchiz !*

Nous leur jetons quelques pièces blanches : aussitôt toutes ces grenouilles humaines bondissent et plongent furieusement; après une courte lutte sous-marine, les vainqueurs ressortent, leur butin entre les dents, chacun remonte avec une adresse merveilleuse dans son sabot et recommence. Quant aux requins, aucun n'y fait attention.

Six grands diables, à peu près nus, nous conduisent à terre en quelques coups de rames.

Aden, capitale de la désolation, est bâtie de chaque côté d'un colossal rocher volcanico-granitique sur lequel il ne pleut, en général, que tous les trois ans.

Cependant, sur certaines partie de ces rochers édentés nous remarquons comme un léger duvet verdâtre.

On nous explique qu'il vient de pleuvoir il y a deux jours; quelques herbes se sont donc avisées de sortir de terre.

Combien elles doivent s'en repentir! car sans nos casques, nous serions déjà cuits, et il n'est que sept heures du matin.

Comme Port-Saïd, Aden se compose de deux villes bien distinctes.

Au bord de la mer, la ville européenne *Steamer's-Point*, qui est surtout un important dépôt de charbon; et, de l'autre côté du rocher, au sommet duquel les Anglais ont planté leur citadelle, la ville noire.

Nous prenons place dans une ossature * de calèche; à cette calèche est attaché un fantôme

* Les parties en cuir (sauf celles supérieures) sont supprimées dans les voitures à Aden, à cause de la chaleur.

de cheval barbe ; un automédon couleur d'acajou nous conduit.

En route pour la ville noire !

En moins de vingt minutes nous atteignons la forteresse anglaise, vrai nid d'aigle habité par des corbeaux *Sikhs* *, qui nous portent les armes ; nous redescendons entre deux murailles de granit, et la ville indigène se déroule à nos pieds.

Le long de la route, aussi fréquentée qu'un boulevard de grande ville, nous rencontrons des spécimens de toutes les races qui peuplent l'Asie et l'Afrique : *Abyssins*, *Çomalis*, *Soudanais*, *Hindous*, *Parsis*, *Arabes*, *Juifs*, etc. Les uns sont superbement drapés dans des péplums de cotonnade blanche bordée de rouge, ou dans des pagnes de couleurs éclatantes ; les autres, nus comme les athlètes antiques, marchent fièrement, les reins cambrés, tandis que de robustes Arabes, suivis de leur smala, poussent gravement devant eux des ânes et des chameaux chargés de négrillons.

Nous remarquons que la plupart des noirs d'Aden s'enduisent les cheveux de chaux, ce qui donne à leur toison crépue une couleur rousse ou blonde qui nous étonnerait, si les Françaises

* Soldats hindous du nord-ouest (Amritsar est leur capitale).

ne nous avaient pas accoutumés à ce genre de travestissement capillaire.

Nous croisons également des femmes de toutes nuances, surchargées de bracelets et de bijoux.

Quelques-unes portent gracieusement des amphores ou des cruches, d'autres de lourds fardeaux et des outres ruisselantes, ce qui n'empêche pas celles qui sont mères d'avoir leur progéniture sur le dos, ou à cheval sur une hanche.

Toutes marchent merveilleusement, à demi vêtues d'étoffes multicolores ou simplement enveloppées dans une pièce de calicot blanc; seules, les femmes Çomalis, abondamment pourvues par *dame nature* de tout ce qui leur est nécessaire pour s'asseoir, ont une façon de dandiner leurs... excès de tournure que nous trouvons choquante (sans calembour). On a toujours envie de commander *halte* au deuxième rang et *repos* au premier; — car l'un vaut l'autre au point de vue du capitonnage.

La ville noire est très bien tenue; les Anglais, toujours pratiques, savent utiliser le fouet des noirs policiers pour faire exécuter leurs ordonnances, et ils ont raison. Pas de boîtes à ordures : les aigles, les vautours, les milans se chargent des détails de la voirie.

Les maisons sont, comme presque toutes les demeures orientales, des cubes de pierres blanchis à la chaux et surmontés d'une terrasse; enfin toute une population multicolore babille, fume, pâture, dort et travaille même sans trop de bruit, sous ce climat torride. C'est un vrai kaléidoscope humain très attachant.

Pourquoi faut-il que l'éternel et agaçant refrain : *bakchiz, saëb! bakchiz, saëb*!* vienne gâter notre plaisir?

Au lieu de la puanteur de Port-Saïd, nous respirons une odeur d'encens et de *hooka* ** qui nous permet de voir de plus près, et d'étudier sur le vif cette étrange population.

Les danseuses d'Aden ont une réputation universelle; il nous était donc indispensable de vérifier, par nous-mêmes, l'exactitude de cette assertion.

En conséquence, le Çomali qui nous sert de guide nous conduit, sur notre demande, chez ces brunes almées. Nous sommes reçus, avec une joie non dissimulée, par une belle Arabe, directrice de ce pensionnat semi-chorégraphique. Elle nous installe avec beaucoup de déférence

* Traduction extra libre : un petit *sou*, *Excellence*.

** Pipe en coco.

sur des sofas, relativement confortables, et nous produit un lot de jeunes Abyssines, Soudanaises, Arabes et Indiennes, jolies, propres, bien vêtues, mais fleurant terriblement l'encens et la menthe.

Comme il fait une chaleur excessive, ces dames s'empressent de nous éventer à qui mieux mieux, tout en nous racontant une série de fort jolies choses, sans doute; l'une d'entre elles m'offre même une tige de menthe que je plante à mon casque; mais nous ne sommes pas venus pour cela.

Nous tâchons de leur faire comprendre, par une mimique savante, que ce sont des danseuses que nous voulons.

Elles se méprennent évidemment sur nos gestes, — et deviennent de plus en plus aimables... Nous tenons bon.

Il nous faut des danseuses, nous voulons des danseuses, n'en fût-il plus à Aden...

La directrice a enfin compris, mais elle désire auparavant que nous offrions à ses pensionnaires l'*arack* * de l'amitié.

Nous y consentons. Un vieil Arabe fait circuler ce *trois-six* indien, en se confondant en saluts, toutes les fois qu'il passe devant nos sei-

* Sorte d'eau-de-vie de palmier.

gneuries; nous lui jetons quelques *annas* : il se prosterne et s'enfuit.

La maîtresse de céans elle-même se retire, non sans avoir fait ses conditions...

Et, en avant le ballet!

Trois des noires beautés enlèvent immédiatement leurs innombrables colliers et bracelets, se dépouillent entièrement de leurs vêtements, et nous apparaissent comme trois statues de bronze.

La plus jeune a treize ans à peine : elle est Indienne, c'est la plus belle sans contredit. La finesse de ses attaches est inouïe, ses yeux sont splendides, son profil est irréprochable, et le satin vieil or de sa peau fait merveilleusement ressortir ses dents éblouissantes et ses lèvres de pourpre.

Les deux autres, un peu plus âgées, sont également très belles ; l'une est couleur de fumée et a les traits réguliers, l'autre est fortement bronzée; son nez aplati et ses lèvres lippues nous la font reconnaître pour une Soudanaise.

Pour être franc, je dois dire que nous n'avons pas été aussi enthousiasmés des talents chorégraphiques de ces noires ballerines, que de la beauté de leurs formes.

Leur danse n'est qu'un préliminaire surtout

expressif... un prologue érotique. En tous cas, nous avions vu ce que nous désirions voir, et, tandis que ces dames remettent leurs colifichets, nous regagnons notre véhicule et *Steamer's-Point*, où notre déjeuner nous attend à l'Hôtel de l'Univers, tenu par un Français.

Pendant que nous prenons notre café sous la vérandah, nos compagnons de route se débarrassent des Juifs à *rouflaquettes* en tire-bouchons qui nous obsèdent, en les faisant rosser par des négrillons. La police, attirée par le bruit des coups reçus, donne naturellement tort aux Juifs et les bâtonne, à son tour. Après quelques achats, nous remontons en voiture, et nous retournons courageusement à Aden visiter les citernes.

Ces immenses réservoirs fournissent aux habitants de ce pays, maudit par saint Médard, l'eau nécessaire pour abreuver leurs troupeaux ; quant aux indigènes et aux Européens, ils ne boivent que de l'eau distillée ou bouillie.

Ces citernes, situées à l'extrémité sud de la ville, sont adossées à un cirque de rochers formant entonnoir. Leur origine remonte à la conquête romaine; les Portugais ont continué l'œuvre des Latins, et les Anglais l'ont achevée.

Il faut qu'il pleuve au moins tous les trois ans

pour que les citernes ne soient pas complètement à sec.

Notre automédon nous ramène à Steamer's-Point par la voie qui, passant sous un tunnel, conduit aux cantonnements anglais.

Au sortir de la ville, nous croisons une interminable caravane de chameaux chargés d'ivoire, de plumes, de tapis et d'autres produits de l'intérieur.

Sur les bords de la route, fourmillante d'êtres humains bariolés, je remarque une Abyssine à hausse-col d'argent et aux noirs cheveux tressés, faisant ses ablutions sans déposer l'enfant qu'elle porte sur le dos.

Des juifs chassieux nous harcèlent pour nous vendre des plumes d'autruche et de la poudre d'or; des négrillons nous offrent, avec une ténacité sans pareille, de petites racines qui leur servent à polir et à repolir leurs dents de jeunes chiens; un riche commerçant hindou, vautré dans sa calèche, nous salue avec obséquiosité, et au milieu de ce fouillis bruyant, de ce brouhaha incroyable et sous ce soleil de plomb, trois soldats anglais, raides, corrects et silencieux, passent, irréprochablement alignés.

Après une tournée dans les bazars de la ville

européenne, tenus, en général, par des *parsis* *, nous remontons à bord du *Natal*, dont les vergues et les cordages disparaissent sous des chapelets d'oiseaux de proie de toutes sortes.

Il est bien entendu que les négrillons amphibies n'ont pas quitté leur poste, et qu'ils plongent de plus belle.

A six heures, nous levons l'ancre.

1er mars.

Nil novi...

2 mars.

Pendant la nuit nous avons doublé le cap *Guardafui*.

A neuf heures et demie, nous sommes par le travers de l'île *Socotora;* la mer devient houleuse : je — n'ai plus de secrets pour l'Océan indien...

3 mars.

Que d'eau ! que d'eau ! que d'eau !

* Hindous d'origine persane.

4 mars.

Nous naviguons au milieu de myriades de poissons volants; les uns sont verdâtres et gros comme des sardines, les autres, mi-partie verts et violets, sont de la grosseur d'un hareng. Ces curieux vertébrés ne s'élèvent guère qu'à quelques centimètres au-dessus de l'eau, ils franchissent, néanmoins, des distances qui varient entre 50 et 200 mètres, quand ils ne se cognent pas maladroitement contre une vague.

Tout en *paressant*, je fais cette remarque, que l'immensité des mers est une phrase fort belle, mais inapplicable à l'Océan indien, car, grâce à l'excessive humidité de l'atmosphère, la vue ne s'étend guère qu'à six milles au plus. Souvent même, on se croit dans une cuvette d'eau chaude, — et la concavité du globe vient plutôt à l'esprit que sa convexité.

5 mars.

Encore des poissons volants, toujours des poissons volants !

La chaleur augmente outre mesure.

6 mars.

A dix heures du matin, nous arrivons par le travers de l'île *Minikoy*, de l'archipel des *Maldives*. Un phare récemment construit élève sa tête, vierge encore, au-dessus des cocotiers verts : c'est tout ce que nous pouvons distinguer.

7 mars.

Pendant la matinée, nous sommes environnés, à plusieurs reprises, de *bonites* * dont les sauts prodigieux et burlesques obtiennent un vrai succès d'hilarité : c'est à croire qu'on a payé cette troupe nautique pour nous offrir une représentation moderne du triomphe de *Neptune*.

A la tombée de la nuit apparaît un point brillant sur une immense tache noire : c'est *Ceylan* et le feu de *Colombo*.

De gros nuages sombres planent immobiles au-dessus de l'île, que de sanglants éclairs embrasent par moments ; on dirait comme d'un lointain combat, et ce spectacle est si grandiose, que le

* Gros poissons du genre des *scombres*.

commandant *Didier* nous invite à venir le contempler du haut de sa passerelle, où notre café est servi.

Depuis vingt minutes le *Natal* a ralenti considérablement sa marche ; l'orage s'est calmé, l'obscurité est complète. Une lueur confuse, bientôt transformée en un semis de diamants, nous indique l'emplacement de la cité cinghalaise ; çà et là, devant nous, des feux glissent dans la nuit, semblables à des lucioles, tandis que d'autres scintillent sur place : c'est la rade. Cependant nous avançons toujours.

Tout à coup, au milieu du plus profond silence, retentit le commandement : « Bâbord, mouillez ! »

Un choc énorme, une gerbe d'écume, un grondement féroce de chaînes y répondent... Puis, de nouveau, un grand silence.

— Le *Natal* est immobile.

Il est huit heures trois quarts.

A minuit, je fais cette réflexion amère, que je quitterai demain le *Natal*, sans avoir une seule fois gagné la fameuse *poule ;* en revanche on m'a décerné le prix de mal de mer : — ô sainte chance ! *Quando te aspiciam?*

CHAPITRE II

Ceylan. — A toute vapeur à travers la végétation tropicale. — Les Cinghalais. — Kandy. — Paradeniya (le paradis terrestre). — La pagode de Bouddha. — Mount-Lavinia. — En route vers Pondichéry.

8 mars.

J'AI mal dormi ; il me tarde de fouler le sol de Ceylan, cette île enchantée, qu'on dit être la merveille des merveilles. J'ai peur d'une désillusion.

Dès cinq heures, nous sommes debout. Aux flancs de notre paquebot est une triple ceinture *d'outriggers* * semblables à d'immenses araignées

* Pirogues à balancier.

de mer. Les sauvages gracieux et peu vêtus qui les montent, dès qu'ils aperçoivent nos casques, tendent vers nous des bras désespérés en hurlant à l'unisson ; chacun compte qu'il sera l'élu.

Nous nous introduisons dans le trou étroit, creusé, ou plutôt, *construit* sur le dos de l'araignée la plus proche, et quatre Cinghalais nous conduisent rapidement à terre, tout en psalmodiant une mélopée qui singe nos litanies.

Le timonier dirige à la fois l'orphéon et la pirogue ; il a pour tout costume, sur la tête, une calotte en tissu d'or, et un nœud de cravate autour des reins.

A peine à terre, nous sautons dans un *dos à dos*, car nous avons résolu de partir immédiatement pour *Kandy* *.

Après plusieurs reprises énergiques d'une pantomime-bouffe et d'explications laborieuses, notre cocher finit par nous conduire à la gare... Enfin ! Nous nous précipitons au guichet. Y a-t-il un train ? Oui ! Dans combien de temps ? Dans un quart d'heure : — *Evohé ! Bouddha !* L'enchantement commence.

Tout est ravissant ici ; la route, le site, les indigènes, la station elle-même ; le chef de gare

* Capitale indienne de l'île (15.000 habitants.)

est beau, les employés sont complaisants, les wagons confortables... ce serait la perfection, sans la chaleur humide et déjà étouffante ; il n'est cependant que six heures du matin. Un coup de sifflet retentit, le train s'ébranle, j'écarquille les yeux, je dilate mes paupières, je dois ressembler à un carlin...

Quelle nature merveilleuse ! Quelle végétation et quelle variété de splendeurs !

D'abord, des forêts de cocotiers encadrant des rizières, puis des fourrés impénétrables, où toutes les essences sont confondues, puis de nouveau des rizières ; partout des bouquets de palmiers et de bananiers ; à peine distingue-t-on les ruisseaux qui courent dans la mousse sous les bambous et les fougères ; les rochers, les habitations, les arbres même, sont envahis par les parasites et les plantes grimpantes ; à chaque instant le paysage change, pour rester toujours aussi magnifique ; — en un mot, c'est une orgie de végétation impossible à décrire, car non seulement la terre est cachée par la verdure, mais la verdure elle-même disparaît sous les fleurs.

Comme il est à peine sept heures, toute la nature ruisselle encore sous sa toilette matinale : chaque herbe, chaque feuille pleure des gouttes de rosée, qu'argente, dore ou irise le soleil, tamisant à travers le feuillage ; de toutes parts, les fleurs entr'ouvrent leur corsage parfumé, et, au-dessus de ce colossal parterre, qui semble une bousculade de bouquets monstres, pointent au loin de hautes montagnes moussues, dont les cimes bleuâtres dominent seules cette bourrasque de verdure.

Les routes ressemblent à des rubans jaunes et roses, les oiseaux à des papillons, et les papillons à des oiseaux. Quant aux fleurs, celles qui sont naines en Europe sont géantes ici, et vice versa.

A droite, un lac sauvage nous apparaît tout à coup, comme un miroir jeté dans la verdure ; à gauche, se dressent trois demeures féodales de *termites blancs ;* plus loin une cascade lèche, en les éclaboussant d'écume, de noirs rochers pailletés de mica ; le *Mutvaal-gânga** que nous côtoyons n'est lui-même qu'une succession de points de vue féeriques, et, comme il est sans doute écrit que tout doit être ici à l'unisson de la merveilleuse nature, notre locomotive nous envoie par instants des bouffées de parfums, car elle consomme, non du vulgaire charbon, mais du bois odorant.

* Gânga : fleuve, en langue cinghalaise.

Au milieu de ce paysage unique, un peuple demi-nu et digne de l'âge d'or s'agite lentement et gracieusement, souriant à tout venant, se baignant à tout propos, et paraissant n'avoir d'autre souci que celui de peigner et de repeigner sa longue chevelure d'ébène.

La voie ferrée court, pendant trois heures, au milieu de ce fouillis verdoyant et à travers ce chaos de sites indescriptibles, jalonnés de charmantes stations où des indigènes nous offrent du gibier, des fleurs, des ananas exquis, des bananes roses, et des cocos de toutes les formes.

Au début, on ne distingue pas nettement les Cinghalaises des Cinghalais, car ceux-ci, terriblement efféminés, portent presque autant de bijoux que leurs compagnes et s'habillent, comme elles, d'une sorte de *pagne-langouti*, tombant en général jusqu'à la cheville; seuls, les hommes de peine se contentent d'un simple mouchoir autour des reins

Les hommes laissent leurs longs cheveux flotter naturellement sur leur dos ou les relèvent sur le sommet de la tête, en un chignon, que maintient en place un peigne d'écaille blonde; à la moindre démangeaison, une fine main noire saisit le peigne, le promène à l'endroit *contaminé*, puis le replante triomphalement. C'est un vrai tic qui fait concurrence à celui, plus dégoûtant, de mâcher du bétel.

Les femmes sont excessivement gracieuses et très bien faites, leur visage seul laisse souvent à désirer ; elles se couvrent de bijoux, se tatouent finement les bras et piquent dans leur chevelure des fleurs de jasmin. Outre le pagne plus ou moins ample, une pièce d'étoffe leur cache à demi la poitrine, beaucoup portent un léger caraco de couleur claire ou un étroit mamillaire rouge. Le dos, les bras et une partie du ventre restent à découvert. Cependant, j'ai vu quelques Cinghalaises vaquer au soin du ménage, nues jusqu'à la ceinture. Les enfants n'ont aucun vêtement.

Ceylan jouissant d'une température constamment étouffante, on conçoit, sans peine, la passion des Cinghalais pour la baignade. Rencontrent-ils une rivière, un lac, une flaque d'eau, ils enlèvent immédiatement leur langouti, dont l'éclat ajoute de nouvelles fleurs aux fleurs des buissons, et ils se mettent à l'eau.

Tout le long de la route, semée de ruisseaux et d'étangs, nous observons que les noires baigneuses se détournent poliment, quand notre train arrive à leur hauteur, et qu'elles reprennent leurs joyeux ébats, dès que nous les avons dépassées.

Bientôt nous ralentissons notre marche : la montée commence.

Notre train court et grimpe comme un lézard monstre sur les flancs des rochers, contourne des précipices, traverse des quartiers de montagne, sous des tunnels rugueux et suintants ; la végétation diminue d'intensité à mesure que nous nous élevons, mais les points de vue deviennent de plus en plus fantastiques.

Nous traversons plusieurs districts à café* au milieu desquels de rares *eucalyptus*, épargnés par la hache et le feu, dressent çà et là leurs troncs éraillés ; des cascades nous éclaboussent au passage ; de vigoureux insectes cinglent en bourdonnant l'air embrasé, et un gros singe gris à queue courte, assis sur son derrière, nous fait la moue. Nous atteignons, vers neuf heures, le point culminant de la montée, où est érigée une colonne commémorative de l'achèvement de cette gigantesque entreprise ; la végétation reprend de plus belle à mesure que nous redescendons et nous arrivons enfin à *Kandy*, après avoir fait 120 kilomètres au milieu d'un continuel enchantement.

* *L'hemileia vastatrix* fait actuellement de grands ravages dans les plantations.

Une voiture du même genre que celle de Colombo nous dépose à *Queen's Hôtel*. Après un déjeuner passablement mauvais et épicé en diable, nous remontons dans notre *carriage*.

Quelle *soleïade*, bon Dieu ! mais que Kandy est donc jolie et coquette, et qu'elle est bien blottie dans son nid de cocotiers !

Devant nous s'étale un lac bordé d'une balustrade de marbre blanc finement travaillé ; au centre, une île qui est, à coup sûr, enchantée, mire, dans ses eaux limpides, les tiges déliées de ses bambous et les crosses élégantes de ses fougères : partout on ne voit que verdure et soleil !

Tout en admirant ce charmant paysage, nous arrivons à la pagode, où la dent de *Bouddha* est religieusement conservée sous la forme d'une défense d'éléphant. Les *bonzes* nous en refusent la vue : — quels dentistes !

Cependant ils nous reçoivent avec complaisance et nous offrent des tubéreuses oranges, dites fleurs purifiées. Les mains droites donnent les fleurs, mais les mains gauches n'ignorent pas ce que font leurs correspondantes et implorent, au nom de Dieu, un pieux bakchiz. En réalité, cette pagode vénérée n'a rien de très remarquable au point de vue architectural.

Pendant que nous visitons la bibliothèque

célèbre, un *rat de pagode* nous fait l'historique du *Bouddhisme**.

Le christianisme et le bouddhisme ont évidemment plusieurs points communs : mais comme je ne suis ni théologien ni savant, je déclare *forfait* sur cette question, trop sérieuse pour être traitée à la *hussarde*.

Nous retraversons Kandy et nous filons sur *Paradénya* par une température invraisemblable.

La grande route, bordée, à gauche et à droite, de cases tapissées de plantes grimpantes et de fleurs, nous permet de faire, tout en roulant, une étude complète des mœurs et des coutumes des Kandiotes.

Au bout d'une demi-heure de cuisson, nous arrivons au jardin de Paradéniya, le *paradis terrestre*, prétend-on ?

Ici, je dois dire que l'auteur s'embarrasse terriblement ; je ne sais comment dépeindre cette nature exubérante qui nous entoure, nous envahit et nous stupéfie encore plus que le soleil implacable, flamboyant au-dessus de nos têtes.

Une allée ombreuse de *banians*** nous conduit, d'abord, à une prairie, au centre de laquelle des

* Le *Bouddhisme* a été fondé par *Çakya-Mouni*, au VIIe s. av. J.-C. (Vivien Saint-Martin.)

** *Ficus elastica*.

arbres géants, de la même famille, élèvent jusqu'aux nues leurs têtes orgueilleuses et projettent au loin leurs bras énormes. Quand les rameaux trop puissants de ces patriarches des forêts indiennes ne peuvent plus se soutenir eux-mêmes, une goutte de sève, — sorte de stalactite végétale, — s'en détache, grossit, s'allonge et, touchant bientôt terre, devient béquille ; cette béquille se transforme à son tour en un arbre, pousse de nouvelles racines, étend de nouvelles ramures, et ce phénomène se reproduisant à l'infini, forme ainsi d'un arbre unique une forêt.

Tout à l'entour de ces colosses, le réseau extravagant de leurs monstrueuses racines côtelées couvre le sol, semblable à des serpents pétrifiés. — Nous sommes en plein paradis terrestre !

De tous côtés, les arbres les plus rares dressent leurs troncs polis ou noueux, élégants ou massifs, et leurs chevelures moutonnantes ou pleureuses. Ici, des fougères arborescentes nous abritent sous leurs ombelles vert-tendre, si régulièrement frangées qu'on les croirait artificielles ; là, le *manguier* du Cambodge pique de ses fruits d'or la masse touffue de son feuillage noir ; le long du *Mahavillî gangâ*, des bambous colossaux, agitent, à trente mètres de hauteur, l'extrémité ténue de leurs tiges, dont la base mesure cinquante centimètres de diamètre; plus loin, au bord d'un lac aux *lotus* * roses, les arbres à coton plaquent leurs fleurs jaune de chrome ou rouge de Saturne, contre leurs branches chauves et leurs troncs blafards, tandis que les *borassus***, dont la tête semble un amoncellement d'éventails gigantesques, profilent leurs sveltes colonnes au-dessus d'un fouillis d'arbustes et de fleurs inconnues.

A droite, à gauche, de toutes parts, les plantes grimpantes et les lianes étendent ou traînent leurs manteaux de sinople, qu'*herminent* les *orchidées* grimaçantes et les *hibiscus* pourpres.

Partout, enfin, la flore de l'univers entier se bouscule, s'accouple, fermente et germe, sous l'embrasement fécond de Phébus en folie, inondant la nature de son éblouissante lave, et criblant de ses dards de feu l'ombre même des voûtes de verdure.

Pendant que, pressés par l'heure, nous rallions notre voiture, quelques-uns des jeunes indigènes qui nous escortent, dans le costume d'Adam (costume essentiellement de circonstance), grimpent comme des singes au sommet de manguiers

* *Nélumbium speciosum* des Égyptiens.

** Arbre de la famille des palmiers.

d'une espèce particulière et nous en apportent le fruit exquis ; d'autres nous offrent des fleurs étranges, dont quelques-unes sont tellement rouges qu'elles ressemblent à des flaques de sang ; de gros lézards noirs traversent les allées devant nous, mille oiseaux gazouillent au-dessus de nos têtes, et toute une nichée de *rats palmistes* joue à cache-cache sur notre passage.

Nous abandonnons enfin ce paradis, qui va devenir pour nous le paradis perdu, et nous gagnons la station de Paradéniya sans pouvoir détacher nos regards du *Paradou* exotique, deviné par M. Zola, et si merveilleusement dépeint par lui dans *la faute de l'abbé Mouret*.

A peine avons-nous le temps d'admirer la gare de Paradéniya, étouffée sous les plantes grimpantes, que le train de Kandy arrive. Nous montons en wagon ; à six heures et demie, nous sommes à Colombo *, et, quelques instants après, au *Great Oriental Hôtel*, immense bâtiment anglais indianisé, très confortable. Quelques-uns de nos compagnons de voyage nous attendent, sous la vérandah, pour dîner avec nous, car l'heure de la séparation approche. Demain, le *Natal* cinglera vers l'Indo-Chine, tandis que le

* Chef-lieu du gouvernement de l'île (120.000 habitants).

Tibre doit nous emporter le long de la côte de *Coromandel.*

— A table donc, *Girondins* des tropiques !

Les Cinghalais sont de déplorables cuisiniers ; les Anglais, leurs uniques maîtres en l'art culinaire, ne le leur cédant en rien, les résultats sont pitoyables, d'autant plus que les viandes et les légumes sont, eux-mêmes, de mauvaise qualité, à Ceylan comme dans toute l'Inde.

En revanche, les amateurs de gingembre, de piments, d'épices et de toutes les variétés *d'emporte-gueule* sont servis à souhait.

Les plats les plus saugrenus et les plus hétéroclitement composés se succèdent sans interruption, et sans ordre aucun ; c'est une série interminable d'objets de pâture sans genre bien défini ; on nous sert, par exemple, du poisson avec du riz, de la viande avec de la marmelade, du poulet avec du fromage, etc.

Par contre, le service est admirablement fait : une nuée de *boys bengâlis*, nu-pieds et vêtus de blanc, veillent attentivement à l'exécution de nos moindres désirs, et se chuchotent à l'oreille nos ordres de bouche que nous donnons, par écrit, sur de petits papiers disposés à cet effet. Outre leur maintien et leurs gestes extrêmement réservés, ces serviteurs ont une façon de porter en auréole leurs chapeaux blancs, — qui fait naître l'illusion qu'on est servi par des saints.

Malgré la hauteur considérable des plafonds et la disposition parfaite des appartements, au point de vue de l'aération, la chaleur humide ne nous permettrait pas de manger, si d'immenses punkas, balancés majestueusement par des serviteurs invisibles, n'entretenaient un courant d'air continuellement parfumé au contact des bouquets répandus sur les tables. L'inconvénient de ce courant d'air est de refroidir immédiatement les mets ; aussi est-on obligé, pour en atténuer l'influence, de manger dans des assiettes munies d'un réservoir d'eau chaude.

Après le dîner, nous allons faire une tournée nocturne dans les faubourgs de Colombo, merveilleux enchevêtrement de maisons, de cases, de lacs, de cocotiers et d'arbustes. Cette sorte de bois de Boulogne tropical, violemment argenté pas les rayons de la lune plaquée au zénith, nous produit un effet saisissant et inoubliable.

Dans un carrefour, un bonze accroupi sur un reposoir prêche dignement devant une multitude recueillie. Notre guide s'agenouille un instant dans l'herbe étoilée de vers luisants, et nous rejoint ensuite ; pendant ce temps, les engoulevents aux ailes molles, et de gros oiseaux de nuit passent comme des souffles, en quête d'insectes qui, hélas! ne manquent pas.

Il est dix heures et demie, et la chaleur est toujours accablante, malgré l'humidité tombant en vapeur d'étuve... Gare aux rhumatismes!

Nous regagnons nos chambres; ma chemise de nuit ne me gêne guère, et cependant j'étouffe.....!

9 mars.

Je n'ai pas fermé l'œil; une maudite nourrice cinghalaise, ma voisine, a lutté, toute la nuit, contre son nourrisson; celui-ci n'a pas cessé de protester à sa manière, et, j'ai eu beau engager la noire *Amalthée* à s'asseoir dessus, pour en finir: l'entêtée n'a jamais voulu consentir à inaugurer ce genre d'allaitement impressionniste, nouveau pour elle.

A six heures, un serviteur vient m'offrir un repas composé de beurre de zébu, de confiture de je ne sais trop quoi et de mauvais café. En fait de déjeuner, je prends... mon bain et je rejoins mon ami.

Il a si bien dormi, qu'il n'a pas perçu une seule note du concerto aigu exécuté par le marmot mon ennemi. Je l'en félicite, puis nous nous rendons à bord du *Natal*.

Ce n'est pas sans tristesse que je fais mes adieux à la *vicomtesse de Bezaure*, la plus aimable et la plus sympathique des femmes, qui va crânement représenter notre pays, à l'autre bout du monde*, où son mari, tout jeune encore, a su déjà acquérir une notoriété considérable. Pourquoi le commandant *Didier* m'a-t-il défendu de dire ici tout le bien que je pense de lui? Et vous, excellent docteur *Piotrowski*, pourquoi avez-vous imité votre commandant? — Nous nous reverrons, s'il plaît à Dieu. Quant à tous ceux, encore, que je regrette de quitter, la liste en est trop longue pour que je la donne.

Après nous être assurés du transfert de nos bagages sur le *Tibre*, arrivé nuitamment en rade, nous retournons à Colombo, toujours en *araignée-orphéon*. Du quai, une voiture nous conduit au *Muséum*. Ce monument, très bien compris, est bâti au milieu d'un jardin parfaitement entretenu, quoique le soleil volatilise l'eau à mesure que les jardiniers la versent, de leurs outres, sur les plantes altérées. Après avoir examiné toute la faune de Ceylan, assez mal empaillée, d'ail-

* A Fou-Tchéou.

leurs, et une curieuse collection de monstres marins et d'énormes crânes d'éléphants, nous allons faire notre *persil* à *l'Esplanade*, vaste plage régularisée, située à l'extrémité sud du *Fort* et au delà des casernes.

Comme c'est dimanche, la *gentry* s'y est donné rendez-vous en costume de gala.

Les sous-officiers et les soldats anglais, que nous croisons, marchent deux par deux, gourmés et silencieux, dans leurs costumes blancs; ils saluent de la main gauche les officiers en civil que, d'après leur mine ennuyée, j'accuse de trouver le temps long et la promenade monotone. Quelques-uns conduisent avec flegme leurs voitures légères, en soulevant des nuages de poussière rose, tandis que de jeunes *gommeux* cinghalais passent au grand trot de leurs petits zébus.

Je remarque peu d'équipages correctement tenus. Mais j'observe que, dès qu'une voiture passe au pas, les *saïs*, perchés derrière, sautent à terre et suivent à pied en se donnant la main. S'arrête-t-on, ils vont immédiatement s'accroupir au nez des chevaux, avec lesquels ils entrent immédiatement en conversation; les auditeurs *monodactyles* allongent le cou, baissent la tête et ont l'air d'écouter avec intérêt leurs conférenciers : « *la plus noble conquête que le cheval ait jamais faite*, etc., etc... »

Autant les Indiennes sont gracieuses sous leur langouti national, autant sont grotesques les métisses hindo-portugaises, dont la plupart, noires comme des taupes et se figurant le contraire, ont adopté les modes européennes. On dirait des singes habillés.

Les mâles de ces guenons sont encore plus ridiculement accoutrés. Ils portent une veste, un jupon blanc, et un chapeau à haute forme, coiffant leur chignon à peigne.

Nous jetons un coup d'œil, en passant, sur les casernes, aussi bien tenues que ceux qui les habitent, et admirablement disposées au point de vue de l'aération et du confort. Comme à *Aden*, la voirie est confiée aux *choucas*.

Dans la soirée, nous visitons les vieux quartiers de la ville pour étudier l'esthétique cinghalaise, tamoule et malaise, et observer les mœurs de ces différentes races.

Je suis à peine couché, que l'infernal duo reprend!

. . . .

10 mars.

Au matin, nous faisons une tournée approfondie dans les bazars de la ville noire, et, après avoir effectué quelques achats, particulièrement chez les bijoutiers *moores*, qui remplacent ici les Juifs, nous allons rendre visite à l'agent consulaire de France. M. *Runiat* nous accueille on ne peut plus gracieusement, et nous donne une foule d'indications et de renseignements précieux.

Au sortir de chez cet aimable compatriote, nous sommes presque bousculés par un détachement de l'*armée du Salut*. — Que Dieu le leur accorde promptement, et qu'il débarrasse encore plus promptement le monde de cette ridicule engeance. Ainsi soit-il!

Non loin des susdits hystériques, nous croisons une quarantaine de forçats indigènes, habillés d'un complet blanc à raies bleues, marchant lentement deux par deux, au son argentin de leurs chaînes légères.

Si les gardes-chiourme ont l'air rogue, en revanche les prisonniers sont gras et réjouis. Comme j'en fais l'observation à haute voix, un

Anglais m'explique que les forçats sont les gens les plus heureux de toute l'île ; ils travaillent fort peu, et la ration gouvernementale de riz étant le triple de celle qu'ils mangeraient chez eux, il en résulte que, à Ceylan, les forçats, au lieu d'être au bagne, sont à l'engrais, décidément :

Les gueux, les gueux,
Sont des gens heureux.
Vivent les gueux !

Nous déjeunons promptement à neuf heures, car nous avons résolu de visiter la pagode de Bouddha et d'aller ensuite *teafiner* * à *Mount-Lavinia*, charmante station balnéaire située sur la voie ferrée en construction devant réunir Colombo à *Pointe de Galles*.

La pagode de Bouddha, située tout à l'extrémité de la ville noire, est surtout remarquable par la statue dorée du Dieu, qui ne mesure pas moins de 7 mètres de longueur. Bouddha est représenté couché sur le flanc droit. Sa physionomie respire à la fois — la béatitude céleste et l'indifférence terrestre.

Il a absolument l'air de dire : Je me moque de tout ; faites-en autant.

* Le *tea fine* est un deuxième déjeuner servi habituellement vers 2 heures.

Un sous-bonze nous explique ce que nous savons déjà sur le bouddhisme, nous ouvre les reliquaires miraculeux, nous offre des fleurs purifiées... naturellement, et nous tend encore plus naturellement la main. Ce pieux mendiant soldé, un deuxième se présente ; — nous l'envoyons se faire... purifier, et nous retournons à Colombo prendre le train de *Mount-Lavinia*.

Nous traversons d'abord, sur pilotis, le lac séparant la ville noire, *Pettah*, de la ville blanche, le *Fort*, puis nous entrons dans la forêt de *Colpitty*, toute semée de charmants cottages cachés sous des rideaux de fleurs, à l'ombre des palmiers touffus.

Notre train court bientôt le long de la mer, où règne une animation extrême parmi les pêcheurs : les uns, aidés de leurs compagnes, mettent à flot ou retirent sur la grève leurs pirogues à balancier étrange, d'autres étendent leurs filets sur les galets dorés ; un peu partout, de gracieuses Cinghalaises disposent, dans de larges corbeilles, des poissons aux écailles éclatantes ; sous chaque bouquet d'arbres est acoquinée une case grouillante d'enfants nus, et, au travers de cette agitation, passe lentement un bonze tout de jaune habillé, suivi d'une sorte d'enfant de chœur portant son éventail. Plus nous avançons, plus le paysage est ravissant; mais, nous sommes déjà à Mount-Lavinia.

Sur un tertre élevé, dominant l'Océan, s'élève le grand et unique hôtel de l'endroit :

D'ici je vois la mer immense et sans limite.....

fredonnons-nous avec *Sélika!* Nous voyons aussi le soleil, trop même, car nous sommes obligés de nous réfugier sous la vérandah, à l'abri de ses rayons incendiaires.

Ah! le bon *peg* * que nous absorbons, mollement étendus sur les grands fauteuils de rotin, pendant que des marchands indiens étalent à nos pieds toutes sortes de jolis objets; nous leur achetons quelques bijoux d'argent, puis après avoir donné un coup d'œil aux charmeurs de *Cobra capello* **, nous nous rendons aux sollicitations de notre estomac qui, sous ces latitudes, a besoin d'être calmé cinq fois par jour.

Nous goûtons très passablement, et quoique la note se ressente un peu de l'élévation de la

* Peg, littéralement *clou de cercueil :* c'est un mélange de cognac et d'eau de seltz. Chaque fois qu'on absorbe cette consommation, on est censé préparer un clou de plus pour son cercueil; de là l'expression familière.

** Serpent venimeux et fétiche.

température, les crevettes sont si fraîches et le champagne est si pétillant, que nous nous déclarons enchantés quand même.

Après une courte promenade, nous remontons en wagon et nous regagnons Colombo, sans cesser un instant de dévorer des yeux le merveilleux paysage déjà vu, éclaboussé d'or par le soleil couchant.

Au moment où nous montons à bord du *Tibre*, la nuit jette brusquement son crêpe sur *Ceylan*.

Antique et divine *Taprobane*, adieu!

CHAPITRE III

Pondichéry. — Les pousse-pousse. — La pagode de Villenoor. — Les renards-volants. — Les bayadères. — Les Indiens tamouls. — Madras et sa barre. — Un coup de vent dans le golfe du Bengale. — L'oogly. — Arrivée à Calcutta.

11 mars.

Nous longeons tout le jour la côte est de Ceylan dont les montagnes, bizarrement dentelées, se profilent en gris foncé sur le bleu cendré du ciel ; on m'avait prévenu que le *Tibre* était un rouleur de première force ; je m'en aperçois vite, il est vrai que l'Océan indien est de mauvaise humeur.

12 mars.

Au réveil, l'île est toujours en vue. Peu à peu les rochers de la pointe *Pédro* disparaissent dans la brume; nous mettons le cap sur *Pondichéry*.

Vers onze heures, la lune, légèrement voilée, nous permet d'apercevoir une sorte de grande traîne blanche, mouchetée de quelques points brillants ; c'est une terre française, c'est Pondichéry *, l'humble capitale de nos possessions dans les Indes.

Notre caronade de tribord salue bruyamment cette parcelle de la patrie, qui riposte par un baiser de paix non moins bruyant. Ces tendresses échangées, nous jetons l'ancre : bonne nuit.

13 mars.

Je suis réveillé par deux formidables coups de canon. Le bronze tonne en l'honneur de nos couleurs, qu'on vient de frapper à notre corne d'artimon.

* 50.000 habitants.

Un employé de M. Bayol *, prévenu depuis longtemps de notre arrivée, vient se mettre à notre disposition. Au même instant, une cohue d'indigènes hurleurs prend d'assaut notre pont.

Les premiers rayons du soleil, qui dore les maisons greco-italiennes de Pondichéry, et le patriotisme, *chauvinisé* par l'éloignement, nous font trouver ravissante, à première vue, cette cité indienne gracieusement enroulée dans un manteau de verdure.

Nous sommes brusquement arrachés à cette contemplation par des Indiens vêtus d'une ceinture et d'un turban, qui nous déposent presque de force au fond d'un grand sabot *(Chelingue)*, monté par huit pagayeurs. Aucune cheville n'entre dans la construction de ces sortes de canots ; leurs différentes parties sont simplement cousues entre elles, à l'aide de cordes en filasse de coco, pour mieux résister (comme le roseau de la fable) aux secousses du ressac.

Nous évitons ce désagréable phénomène, en abordant au *pier* ** ; il nous est facile, d'ailleurs, de juger du ressac par ses prodromes, qui nous font déjà valser à je ne sais combien de temps.

* Riche négociant de Pondichéry.

** Longue jetée-embarcadère en fer et en bois avançant en pleine rade.

Quant à nos rameurs, ils ne cessent de hurler en notre honneur les litanies suivantes :

— *Hurrah pour papa... hurrah !*

— *Hurrah pour maman... hurrah !*

Nous ne nous savions pas pères et mères d'une semblable progéniture ; — en voyage on apprend chaque jour quelque chose !

A peine débarqués, nous sommes chargés par un escadron compact de *pousse-pousse*, petites calèches très légères à quatre roues, dont deux grandes, qu'on dirige soi-même à l'aide d'un timon gouvernail fixé parallèlement à l'axe des petites.

Deux coureurs poussent par derrière. Ces *pousseurs* sont tellement entraînés, qu'ils trottent indéfiniment et presque pour rien *.

Nous affrétons un de ces véhicules économiques ; en ma qualité de *Saumurien*, mon ami me passe le timon ; nous défilons au trot relevé de notre attelage humain, devant la statue du grand *Dupleix*, à qui nous faisons le salut militaire, et nous arrivons, non sans quelques zigzags dus à mon inexpérience de la conduite du pousse, à l'hôtel de M. Bayol, où nous sommes accueillis avec la plus parfaite cordialité. Les présentations

* Un pousse coûte 12 annas pour la journée (1 fr. 30 environ).

faites, et les compliments d'usage échangés, nous décidons d'aller immédiatement visiter la pagode de *Villenoor*, située à huit kilomètres environ de la ville.

M. Bayol nous offre sa voiture et nous confie à l'un de ses fils, qui veut bien nous servir de guide et d'interprète.

J'affirme que notre calèche à persiennes, attelée de deux *australiens*, conduite par un cocher moustachu, vêtu d'orange, et suivie de deux *saïs*, semblablement habillés, chasse-mouches au vent, aurait un fameux succès à l'allée des *Acacias*.

Après avoir traversé la ville blanche, très régulièrement construite, et franchi un canal, nous effleurons la ville noire et nous entrons dans la campagne par une belle route ombragée de grands arbres. A droite et à gauche, s'étendent des rizières bordées de cocotiers, de pamplemousses, d'acajous et de palmiers. L'air, le sol et les arbres sont constellés de milliers d'oiseaux, parmi lesquels on me fait remarquer les *Maïnas* * et les *Milans-Brahmes* **.

Tout autour de nous, les rats palmistes, encore

* Oiseaux de la famille des étourneaux dont il existe une variété infinie d'espèces.

** Très élégant oiseau au plumage roux et à la gorge blanche : — il est *fétiche*.

plus nombreux qu'à Ceylan, ne cessent de lutiner entre eux, sans s'effrayer des hurlements aigus de nos *saïs*, hurlements destinés à faire dégager la route devant nous.

Ici, comme dans toute l'Inde, chacun, suivant sa caste, a ses fonctions bien définies ; dans le cas présent, par exemple, notre cocher préférerait écraser son frère que de lui crier gare, son rôle consiste à conduire ses chevaux sans accrocher ; quant aux *saïs*, c'est à eux qu'il appartient de panser les animaux, de les atteler et de prévenir par leurs cris, voire même par des coups, les piétons sur lesquels le conducteur va faire passer sa voiture.

Tout en admirant le paysage et en étudiant les us et coutumes de ce peuple essentiellement païen, qui considère comme *fétiches* les animaux et les choses utiles, et comme *dieux*, tout ce qui lui est nuisible, redoutable ou inconnu, nous arrivons à la pagode de *Villenoor*, dont la tête prodigieusement fouillée émerge d'une gigantesque collerette de cocotiers.

Cette pagode célèbre consiste en un bas et massif sanctuaire, étalé au centre d'un quadrilatère de murailles ornées de portes-pyramides. C'est en cette sorte de vaste sépulcre que s'élaborent toutes les farces, auxquelles les Indiens doivent une bonne partie de leur abrutissement national.

Nous pénétrons sous un péristyle, aux larges dalles de marbre noir, précédant un vaisseau obscur au fond duquel des lueurs vacillent confusément. Un prêtre sort précipitamment de cette sombre boîte à malices pour nous en interdire l'accès; nous graissons honnêtement sa patte noire : le malin encaisse, mais ne cède pas un pouce de terrain ; un nouvel essai de corruption ne réussissant pas davantage, nous tournons le dos à cet archange mal blanchi et nous dirigeons nos pas vers la pyramide, qui dresse au-dessus de l'une des portes de l'enceinte rectangulaire sa mitre monumentale. Au point de vue architectural, c'est la pièce capitale de la pagode.

Les sept étages de ce monument sont un prodigieux amoncellement de sculptures étranges, représentant un enchevêtrement de dieux, de déesses et de bêtes plus ou moins sacrées ; c'est une œuvre inouïe de patience et de temps, mais dont l'effet, quoique fort beau, n'est pas en rapport avec le travail qu'ils représentent.

Nous grimpons au sommet à l'aide d'une échelle primitive en bambou, à laquelle succèdent bientôt d'étroits gradins de granit.

Hélas ! à peine arrivé au faîte, j'aspire par-dessus tout à en descendre, car mon cœur éprouve quelques réminiscences de l'Océan indien ! J'ai juste le temps d'entrevoir à mes pieds une mer de verdure, où les rizières et les lacs mettent des taches vert tendre et bleu de ciel, puis .. tout tourne...

Au contact du plancher terrestre, j'oublie temporairement l'odieux motif trop connu !

Un des sacristains de la pagode nous conduit ensuite dans un des bâtiments affectés aux décors du char de la terrible *Kali*, la Vénus cruelle de l'Inde. Pendant que nous y examinons de curieuses et obscènes représentations en bois peint et doré, de paons, de taureaux, d'éléphants, etc, d'énormes chauves-souris * voltigent au-dessus de nos têtes, et s'accrochent à ces divinités subalternes qu'elles époussètent sans le moindre respect.

Nous regagnons la porte principale en longeant le lac sacré qui avoisine le sanctuaire. Sur ses degrés, non moins sacrés, le grand prêtre et sa femme font leurs ablutions, face à l'Orient.

Le premier, très vieux, mais encore droit, trace sur sa poitrine et sur son front, avec le médium, les lignes blanches symboliques et égrène dans l'eau des pétales de fleurs ; à côté de

* Renards volants (roussettes).

lui, sa compagne, excessivement jolie et toute jeune, fait non moins dévotement sa pieuse cuisine ; je dois avouer que notre présence les laisse parfaitement indifférents.

Au moment où nous sortons de l'enceinte, un prêtre nous fait demander si nous voulons nous offrir un *nautch* *. Nous acceptons avec enthousiasme, mais non sans marchander ferme. Pendant ce temps, les vestales avariées attachées à l'établissement font leurs préparatifs : nous sommes enfin d'accord sur le prix.

Aussitôt, sur un des bancs en marbre noir de l'entrée de la pagode, des Indiens étendent un morceau d'étoffe sur lequel nous nous installons. En face de nous, quatre prêtres demi-nus, mais fort replets, tiraillent et tapotent leurs instruments primitifs, sous le prétexte non justifié de les accorder, et deux ravissantes danseuses, dont l'une doit avoir à peine dix ans, se campent sérieusement devant nous. Quelques autres se groupent à proximité des patientes, prêtes à payer de leurs personnes, si nous consentons à allonger la sauce aux roupies ; tout un peuple, aux yeux brillants de jubilation, nous entoure.

Les prêtres commencent le manège par des

* Danse de bayadères.

chants nasillards empreints, malgré leur monotonie, d'un étrange cachet musical; leurs instruments servant surtout à scander cette symphonie d'une sauvagerie raffinée; puis, les bayadères entrent en branle et débutent par nous mettre autour du cou deux gros colliers de fleurs jaunes... De quel ordre, grand Dieu! sommes-nous commandeurs? Nous nous regardons comme les deux augures; — mais c'est de nous que nous rions...

La décoration de nos façades terminée, nos *daassi*, * avec un dandinement presque insaisissable et, tout en chantant gutturalement nos louanges (à ce qu'on nous explique) sur le même rythme que celui de l'orchestre, balancent gracieusement leurs beaux bras au-dessus de leur tête, contournent leurs doigts effilés, roulent et tordent leurs hanches, pivotent sur leurs petits pieds, précipitent puis ralentissent leur mimique et leurs chants, se rapprochent de nous, s'en éloignent et effleurent même les pointes de nos moustaches, tout en mirant dans nos yeux leurs grands yeux de velours.

Loin d'être nues comme les danseuses d'Aden, les bayadères qui opèrent devant nous sont vêtues, trop vêtues même, au point de vue de

* Bayadères, en langage du cru.

l'esthétique, car les étoffes de soie aux vives couleurs qui les voilent, ne laissent à découvert que leurs extrémités.

Leur cou est surchargé de riches colliers, leurs cheveux sont entremêlés de tout un attirail de bijoux et de chaînes, à leur narine gauche pend un cercle d'or aux pendeloques de perles et d'émeraudes, leurs bras disparaissent sous les bracelets, et leurs chevilles même ainsi que leurs orteils sont cerclés d'argent. Nous remarquons que leurs ongles sont soignés et peints en rose : messieurs les prêtres de *Çiva* ne se refusent rien.....

Au bout d'un quart d'heure de cette représentation, que le peuple ambiant ne voudrait jamais voir cesser, mais dont la monotonie désarçonne notre patience, nous levons la séance.

Après un rapide examen du char du *dieu de l'agriculture*, colossale pyramide en *bithe* * ultra sculpté, nous visitons le village et l'église catholique. Cette dernière est très proprement tenue.

J'ignore si nous avons plu ou déplu aux bayadères, mais j'affirme que nos physionomies sont parfaitement antipathiques aux chiens de ce chef-lieu de district, car ils ne cessent de hurler

* Sorte d'acajou.

sur notre passage, et d'allonger démesurément leurs crocs à notre intention. — Entre les mollets et les lèvres, — il y a encore la place pour un coup de trique ; c'est évidemment là réflexion qu'ils se font, puisque, malgré leur intention manifeste, ils s'abstiennent de toute attaque effective.

A midi, nous sommes de retour à Pondichéry, où un excellent et copieux déjeuner nous attend chez notre hôte. Entre autres mets du cru, on nous sert une sorte de grosse bécasse dont je ne puis pas savoir le nom, et, en fait de dessert, beaucoup d'amandes et de fruits. J'avoue qu'aucun de ces derniers, pas même les *mangues*, ne vaut pour moi ceux d'Europe.

Retiré dans mon vaste appartement, pendant que j'essaye de faire une heure de sieste, deux rats palmistes viennent jouer à la main chaude sur ma couche. Je préfère évidemment la familiarité de ces petits écureuils à la visite d'un serpent *Capello*, mais, outre ces animaux, de gros et violents insectes trompettants et bourdonnants, entrent, sortent, tourbillonnent, font mine de prendre mon nez pour une fleur ; tout cela joint à une température accablante m'empêche de reposer. Je rejoins mon camarade, nous montons en *pousse*, et, malgré le soleil, nous allons rendre visite à M. *Drouhet*, gouverneur de l'Inde française.

Ce haut fonctionnaire nous accueille avec beaucoup d'affabilité.

De là, nous allons courir les bazars et visiter la cathédrale, puis, M. Bayol vient nous prendre pour nous faire, lui-même, les honneurs de la ville noire.

Nous constatons *de visu* que notre hôte jouit ici d'une considération universelle, car chacun salue avec déférence ce courageux négociant français, qui guerroie depuis trente-trois ans pour sauvegarder, à Pondichéry, l'honneur de notre pavillon commercial.

La ville noire, située à l'ouest de la ville blanche, dont elle est séparée par un large canal, a, malgré les odeurs inséparables de toute agglomération d'indigènes, un aspect séduisant avec ses belles rues bordées de grands tulipiers. Le marché noir nous intéresse particulièrement au point de vue de l'étude des mœurs et des costumes; j'y remarque, entre autres curiosités, de superbes coqs de combat : — avis aux lanceurs de choses sportives.

Les indigènes du sexe laid * sont grands, très

* Indiens tamouls.

bronzés et maigres, leurs membres inférieurs sont grêles comme ceux de presque tous les individus de race indienne. J'ai décrit, à peu de choses près, leur costume, en parlant de celui de mes pagayeurs; je n'y reviendrai donc pas.

Les femmes sont gracieuses au suprême degré, mais rarement jolies, la fréquentation des Européennes leur a fait adopter un mamillaire rouge (*shôli*) qui soutient les seins, laissant à découvert les bras et le bas du buste. Quelques-unes cependant n'usent pas de ce corset débonnaire. Un *pagne* de couleur éclatante leur descend de la taille aux genoux, aux mollets ou à la cheville : affaire de goût ou de caste; la plupart portent, en plus, un voile qu'elles tracassent continuellement de leurs mains effilées. Toutes sont parées comme des châsses, leurs bras sont garnis de bracelets, d'énormes cercles d'argent battent sur leurs pieds dont les orteils sont chargés de bagues, leur cou disparaît sous les colliers de verroteries, le rebord de leurs oreilles est frangé d'une multitude d'anneaux ornés de pierres vraies ou fausses, leur narine gauche est agrémentée d'un bouton ciselé, souvent à la cloison du nez pend un cercle d'or garni de perles représentant exactement la gourmette du mors arabe ; enfin leur chevelure est le refuge du solde de bijoux qu'elles ne peuvent pas loger ailleurs.

Malgré tout ce clinquant, leur démarche est si noble et leur distinction est telle qu'on dirait des... déesses, — quoique ni vous ni moi n'en ayons jamais vu.

En regagnant le pier, nous passons à côté de la fontaine du Gouvernement, entourée d'une multitude de femmes, les unes, groupées dans les attitudes les plus diverses et les poses les plus artistiques, tandis que d'autres arrivent ou s'éloignent en longues files, portant majestueusement sur leur tête des amphores de cuivre étincelant qu'elles soutiennent d'un geste sculptural. Rien ne peut donner une idée du pittoresque et du coloris de ce tableau qu'exagère encore un soleil *poudroyant*.

Cependant, afin d'être tout à fait vrai, je dois avouer que la plupart de ces beautés chiquent avec volupté du *bétel*, ce qui noircit en partie leurs belles dents, et souille d'un jus sanglant leurs gencives et leurs lèvres.

Je dirai peu de chose des reptiles, parce que nous n'avons pas eu le temps d'en souffrir personnellement; mais il est parfaitement exact qu'ils constituent ici un véritable fléau; aussi les *mangoustes* * sont en grand honneur à Pondichéry, et beaucoup d'Européens en possèdent une dans leur maison.

Au moment où nous remontons à bord du *Tibre*, un matelot hindou se tue raide en tombant, par un panneau, dans l'entrepont.

Brâhmâ, Vishnou, Çiva,
Avertite Fatum !

A neuf heures, nous cinglons vers Madras : l'Océan indien est toujours grognon.

14 mars.

Comme la chaleur est devenue intolérable, j'ai fait transporter mon matelas sur le pont, où j'ai dormi, plutôt mal que bien, selon mon habitude.

Je suis réveillé, à six heures, par le soleil qui émerge enflammé et sanglant de son lit salé.

Madras ** est en vue.

Cette cité, quoique beaucoup plus importante et plus monumentale que sa voisine, nous

* Sorte de gros rat ichneumon destructeur de serpents.

** Capitale de la présidence du même nom (400.000 habitants).

plaît moins que Pondichéry. Que je vous regrette, grands bouquets verts qui émaillez si coquettement la ville de *Dupleix!*

Trois grandes jetées ont été construites à prix d'or par les Anglais, pour rendre supportable cette rade dangereuse; les typhons les ont indéfiniment détruites, et la mer passe et repasse, par mille brèches, sur ces remparts rongés dont elle reste définitivement maîtresse.

L'ancre est à peine mouillée, qu'une flottille de *chelingues* nous entoure, et que notre pont est envahi par une centaine de sauvages poussant des hurlements affreux. Qu'on se figure le troisième acte de l'*Africaine*, et on aura une idée exacte de notre situation.

Nos matelots repoussent à coups de pieds, de poings, et de garcette, ces ennemis pacifiques, mais par trop outrecuidants; ceux-ci résistent, tout en reculant; les officiers du bord font leur apparition, et la bataille se termine par une pluie de ces grands singes à la mer. — Une seconde après, nouvel assaut et... nouveau plongeon.

Pendant cet intermède *pyrrhique*, deux des plus enragés nous saisissent et nous déposent, non sans tiraillements des voisins, dans leur embarcation.

Il est inutile d'ajouter que ces pagayeurs sont des choristes non moins distingués que ceux de Pondichéry.

Cette fois-ci, comme le pier est en réparation, il nous faut subir la *barre**.

Bientôt les grandes oscillations commencent : attention... une... aïe!... deux... Oh là!! trois... Ouf!!! ça y est.

Notre équipage est déjà à l'eau, deux des rameurs chargent chacun de nous sur leurs épaules, ruisselantes de sueur autant que d'eau, et nous portent à terre.

Nous prenons un *gharry;* deux Indiens grimpent, avec le saïs, derrière notre boîte roulante et nous conduisent à *People's Park.* En nous y rendant, nous passons devant un édifice monumental : c'est la gare. Quoique nous ne soyons, ni l'un ni l'autre, amateur de son style romano-byzantino-composito-anglais, nous avouons volontiers qu'elle fait un magnifique effet.

People's Park consiste en un grand jardin assez mal entretenu, peuplé d'animaux, de reptiles et d'oiseaux emprisonnés ou laissés libres, suivant leur plus ou moins de férocité et de sauvagerie. Je n'ai pas besoin de dire que les tigres

* Ressac.

font partie de la première catégorie ; ce sont les plus remarquables que j'aie encore vus.

Pendant que nous parcourons ce parc, de grands oiseaux bêtes se promènent autour de nous en quête d'ombre, l'un d'eux, même, m'a tout à fait l'air de reluquer mon ombrelle : *tu quoque*... brute !

La végétation est déjà moins puissante ici qu'à Pondichéry et la population est plus laide ; de plus, les arbres sont couverts d'une poussière jaune désagréable à l'œil.

Allons, ce n'est pas encore à *Madras* que nous viendrons prendre notre retraite !

Le muséum renferme une riche collection d'antiquités hindoues et une grande quantité d'animaux et de poissons empaillés, plus d'abominables portraits de célébrités modernes... anglaises, bien entendu.

En revenant du port, nous traversons la ville noire, parfaitement sale, et puante à rendre des points à une fabrique d'engrais. Il est vrai que ses 400.000 pauvres diables d'habitants sont présentement décimés par une épidémie de *variole* qui les trousse, en quelques heures, sans leur laisser le temps de se parfumer :

Habitants de Madras, qu'il est doux d'ajouter,
Au plaisir de vous voir, celui de vous quitter.

Nous levons l'ancre vers midi ; au-dessus de notre prison flottante, des milans décrivent les plus savantes arabesques, sans quitter de l'œil les moindres déjections du *Tibre*, et tout autour de nous, jusqu'à perte de vue, d'immenses échassiers en pain d'épice semblent marcher sur les flots. Ces imitateurs de Saint-Pierre sont des pêcheurs en *catimarons*.

Figurez-vous deux solives, longues d'environ trois mètres, réunies par quelques tours de corde, et, sur ce radeau ultra primitif, balayé continuellement par les vagues, un être humain nu comme un ver, ramant avec une cuillère. C'est le *catimaron*, qui n'a ni endroit ni envers, ni avant ni arrière, et qui est insubmersible — puisqu'il est toujours submergé ; — de plus, s'il survient un coup de mer, au lieu d'un *catimaron* on en a deux.

Je me figure que, dans ces parages, les requins ne doivent pas mourir de faim.

Au soir, un *topaz* * tombe dans l'entrepont et se casse trois côtes : et de deux !

15 mars.

Rien d'intéressant à signaler de toute la journée. J'assiste à un coucher de soleil superbe,

* Métis indo-européen.

puis, vers huit heures, à un lever de lune particulièrement remarquable. Pendant que je regarde distraitement dans la nuit noire, la mer et le ciel pâlissent, tout à coup, et deviennent transparents, une ligne sombre marque seule l'horizon; à ce moment, la lune, semblable à une énorme hostie, apparaît rutilante au-dessus de l'océan qui se moire au feu; le ciel devient rose, puis jaune pâle, puis blanchâtre, puis enfin bleu foncé : — l'hostie est devenue blanche.

Paulo minora canamus.

Le mal de mer, qui ne m'a quitté que momentanément depuis mon départ de Marseille, m'abandonne. Est-ce le sauterne? est-ce le champagne? est-ce Brâhmâ?...

Le fait est que je suis délivré et surtout stupéfait de ma délivrance : j'ai beau me tâter, me presser, me secouer, me pencher même... rien, plus rien, *rien ne va plus*. J'entonne le *Te Deum* et j'esquisse, malgré le roulis, les plus *zigzagants* entrechats.

Vive Dieu! mon noviciat est fini, — il a duré vingt-neuf jours!

16 mars.

Une grande *frégate* qui fouette l'air de ses ailes puissantes est la seule distraction de la journée. Il vente très frais.

17 mars.

Le golfe du Bengale est puissamment excité, le vent du sud-ouest devenant de plus en plus violent; à table, à chaque instant, je domine mon vis-à-vis qui me rend promptement mon salut : nous sommes roulés, pendant tout le jour, comme dans un saladier. Je reste néanmoins ferme comme un roc.

Vers neuf heures, la vigie signale les feux des pontons de l'embouchure de l'*Hoogly;* le vent mugit avec fureur dans les cordages, tout est lugubre autour de nous; de lourds nuages épaississent encore la nuit et rendent l'obscurité complète; tout à coup, à tribord, deux grandes formes noires apparaissent au-dessus des vagues furieuses, comme deux chauves-souris monstres. Est-ce le cortège d'*Adamastor?*

6

Non, ce sont simplement les bricks à voiles des pilotes anglais, continuellement en croisière dans ces dangereux parages.

Heureusement, nous avons avec nous notre *Palinure*, car aucune embarcation ne pourrait tenir la mer; d'ailleurs, pas un feu ne paraît à bord de ces vaisseaux fantômes qui, après nous avoir frôlés, s'évanouissent dans la nuit.

Comme complément à cette mise en scène étrange, tout au loin, des feux de Bengale ensanglantent, à intervalles réguliers, les crêtes des vagues. *All right!* — Les veilleurs des pontons sont à leur poste.

Le vent devient bientôt d'une telle violence qu'il finit par nettoyer le ciel de tout nuage, et la nuit, redevenue transparente, nous permet de nous rendre compte qu'aux flots noirs ont succédé des flots jaunes non moins agités; nous sommes à l'embouchure de l'Hoogly*. A chaque instant des paquets de mer inondent le pont : il faut renoncer à se tenir debout, même en se cramponnant avec les mains; je me réfugie donc dans un *cadre*** que le docteur m'a fait disposer sur le pont. A peine y suis-je, qu'une vague m'inonde.

* Le bras occidental du Gange porte le nom d'Hoogly,
** Sorte de hamac.

Je suis trempé et archiventé, et j'étouffe. — Quel pays !

Enfin, vers dix heures, le vent mollit, l'Hoogly se calme, le *Tibre* se recueille, et la lune se montre au-dessus d'un amas de nuages, bousculés vers l'est par l'ouragan.

A onze heures et demie, le vent tombe tout à fait ; nous apercevons le feu de l'île de *Saugor* aimée des alligators et des tigres ; à une heure, nous jetons l'ancre, et Morphée daigne me recevoir.

18 mars.

Au réveil, pendant que je m'étire, un joli petit oiseau noir et jaune fait, à mes pieds, la chasse aux mouches ; des papillons viennent, maladroitement, se cogner contre nos cordages, et, au-dessus des *tamaris*, le soleil luit déjà comme un sou neuf. Tout cela sent *le plancher des tigres*, cependant nous restons toujours ancrés, la marée qui doit nous permettre de remonter le roi des fleuves ne se faisant pas encore sentir.

Au point où nous sommes, l'Hoogly ressemble absolument à un fleuve européen dont les dimensions seraient exagérées.

Vers neuf heures, le flux arrive, nous voguons

vers Calcutta; à mesure que nous avançons la végétation s'accentue, puis les cocotiers et toutes les plantes tropicales apparaissent et encadrent merveilleusement ce fleuve majestueux.

De distance en distance, sur chaque rive, nous remarquons de petites tours carrées : ce sont des refuges pour les naufragés, qui y trouvent un abri contre les fauves, des provisions de bouche, du bois, de l'eau, ainsi qu'un inventaire du matériel, un avis invitant les sinistrés à allumer des feux de détresse, à économiser les vivres, et sans doute, à remettre la clef à sa place, quand ils quitteront le local : ces diables d'Anglais pensent à tout.

De petits bateaux à vapeur sont chargés de renouveler, de temps en temps, les provisions; ces précautions sont malheureusement nécessaires, les sables mouvants et les cyclones rendant très dangereuse la navigation dans l'Hoogly.

Tout en admirant les points de vue variés devant lesquels nous glissons doucement, je note, entre autres oiseaux nouveaux pour moi, des spatules, de grands courlis noirs et blancs, et des aigrettes.

A deux heures, nous doublons un dernier coude *(cap des épiciers)*, et la capitale des Indes nous apparaît étincelante à travers une forêt de mâts.

Bientôt, à notre droite, une succession de kiosques, de cages et de palais en terrasses, entourés de bosquets verdoyants, défile devant nous. C'est la résidence du roi prisonnier d'*Aoûdh;* toutes ces constructions sont de mauvais goût; mais l'ensemble plaît par son originalité et son coloris.

Au-dessus de chacun des nombreux clochetons de ce salmis de palais, brille et se reflète, dans l'eau du fleuve, un soleil d'or : — si le soleil est encore l'emblème du royal captif, *nec pluribus impar* n'est pas à coup sûr sa devise.

A trois heures, nous sommes à hauteur de *Garden-Reâche* où nous mouillons. Après les pourparlers obligatoires avec l'agent des douanes, nous descendons à terre dans une sorte de grand *caïque*, non sans avoir sincèrement remercié l'excellent commandant *Lugan* de ses bons soins pour nous.

Les *Bengâlis* sont plus calmes que les *Tamouls* de Madras et de Pondichéry, ils ne s'arrachent pas trop brutalement nos personnes et nos bagages ; en revanche, le remous, produit par le passage d'un remorqueur, manque de faire chavirer notre embarcation.

Au débarcadère, nous attend un *péon*, porteur d'une lettre de M. E*** (ami de mon camarade), qui nous invite à descendre directement au *Bengal club*. Comme nous parlons l'anglais infiniment moins bien qu'une vache espagnole, nous refusons cette offre gracieuse et nous nous faisons conduire à l'*Hôtel de Paris*, tenu par un Français.

Tout ce que je vois, en me rendant du débarcadère à l'hôtel, ne m'enthousiasme pas : *la Cité des Palais** m'a plutôt l'air d'être la cité de la poussière.

L'herbe de l'*Esplanade*, que nous longeons, est rongée par le soleil, les arbres sont poudreux, le fort *William* ressemble à un fort d'opéra-comique et quelques indiens mêmes ont des bottines claquées (!) Cependant les nuées de milans et de choucas qui nous entourent, les femmes insuffisamment vêtues et les coolies suants, qui vont et viennent de toute part, me rassurent ; la couleur locale n'est pas morte, je suis bien réellement dans l'Inde.

Mais quelle profusion de statues équestres ! On dirait d'un musée en plein vent. Décidément, jusqu'à nouvel ordre, je baptise Calcutta : *la Cité des statues*.

A peine arrivés à l'hôtel, nous apprenons la prise de *Bac-Ninh*.

* Surnom de Calcutta.

Cette victoire nous met momentanément la joie au cœur, et nous sablons gaiement le champagne en l'honneur du succès de nos armes. Ce patriotique et facile devoir accompli, nous nous mettons au courant des usages et des obligations du pays. Pour sept roupies * par jour, un loueur nous fournit une sorte de *Coupé-clarence* à persiennes, passablement attelé de deux australiens alezans, avec un cocher hindou à moustaches superbes, et deux saïs dont les yeux sont plus grands que les lanternes de leur véhicule.

A sept heures, en frac et irréprochablement cravatés de blanc, nous nous rendons au *Bengal club*, dont le comité a bien voulu nous recevoir comme membres honoraires.

Vers dix heures nous quittons nos hôtes pour *Corinthian theatre*, où l'on joue une comédie burlesque à succès... pour *Miss de Grey* (!).

Malgré les nombreux punkas et les grands éventails que les Indiens de l'établissement agitent autour de nous, nous fondons; comme compensation, l'orchestre joue seulement pendant les entr'actes — et il n'y a pas d'ouvreuses.

** La valeur de la roupie varie selon le cours de la Bourse ; sa valeur moyenne est de 2 fr. 12.

Voilà deux usages que beaucoup de directeurs européens devraient adopter ; on n'aurait ainsi à subir, ni le fracas de l'un, ni l'obséquiosité intéressée des autres.

La température reste si étouffante que je me fais donner du *punka* toute la nuit.

CHAPITRE IV

Calcutta et les Bengâlis. — Boulouh et Râmjhann. — Le Strand. — Le jardin botanique. — Le théâtre Parsi. — Le palais du roi d'Aoûdh (ses serpents et son orang-outang fumeur). — Chandernagor (le prétendant birman Myn-Goon). — Sombres souvenirs. — Départ pour Darjeeling. — Damookdea. — La jungle et les lucioles.

19 mars.

Nous consacrons notre matinée à faire individuellement nos achats, à contrôler nos renseignements et à métamorphoser nos signatures en *bank-notes* et en *roupies*.

Ces diverses courses à travers la ville me font beaucoup revenir sur ma première impression et je conviens volontiers que *Calcutta* *, au point de vue de l'animation, est une ville extrêmement curieuse.

Les rues ne sont qu'une cohue d'indigènes coiffés de turbans de toutes les couleurs, de *coolies* demi-nus portant des charges énormes, de femmes de teintes diverses et non moins diversement drapées, de *sepoys* ** corrects, de saïs en veste courte et de *péons* à larges baudriers, se démenant au milieu d'un enchevêtrement de palanquins ballottants, de voitures de toutes formes, et de charrettes à roues massives traînées par des bœufs ou des zébus. Si on se réprésente cette macédoine humaine, déjà passablement colorée par elle-même, inondée de lumière par les soins d'un soleil que je qualifierai d'électrique, on n'aura encore qu'une faible idée de l'aspect de Calcutta. Évidemment, les Anglais ont dû pousser l'amour du mercantilisme — jusqu'à importer ici toute la lumière qui manque à leur brumeuse *Albion*.

De midi à deux heures (heures consacrées), nous faisons nos visites officielles.

Notre arrivée à Calcutta ayant coïncidé avec

* Calcutta, chef-lieu du gouvernement du Bengale et capitale de l'Inde anglaise, est peuplée de 800.000 habitants.

** Cipayes.

le départ du *vice-roi** pour *Simla*, nous prions le consul de France de faire parvenir à ce puissant personnage nos très respectueux hommages. Nos autres visites faites, nous regagnons l'hôtel où le *tea fine* nous attend.

Plus nous avançons dans l'Inde, plus ce repas prend des proportions gigantesques : ici, c'est un vrai déjeuner dînatoire, beaucoup plus important que le vrai déjeuner.

Notre estomac lesté, nous passons en revue les divers sujets exotiques que notre hôtelier s'est chargé de nous procurer comme domestiques, car dans l'Inde il est impossible à un Européen de se passer d'un *boy*, sorte d'esclave libre qui doit : 1° ne jamais quitter son maître dont il est l'ombre vivante ; 2° savoir quelques mots d'anglais ; 3° parler couramment plusieurs idiomes indiens, principalement le *bengâli* et l'*indoustani*. Notre choix est plus difficile, car il faut en outre que l'un de nos deux suivants sache un peu le français, vu notre ignorance de la langue de *Shakspeare*.

Mon ami a la chance de mettre la main sur un bengâli de Chandernagor réunissant toutes ces conditions, et répondant en plus au doux

* S. E. le marquis de Ripon.

nom de *Boulouh*. J'en prends un, très illettré, qui a nom *Râmjhann*.

Le nommé *Boulouh* est étique et sérieux comme devait l'être Mahomet lui-même ; le mien est très joli garçon, malheureusement il ne comprend ni l'anglais, ni le français, ni même le... *provençal !* — Tous les deux sont mahométans.

Nos conditions étant faites et acceptées de part et d'autre, nous entrons immédiatement en jouissance, après une première avance de dix roupies faite à la famille des susdits citoyens ; puis, nous leur présentons nos malles et nos bagages, et, pendant qu'ils font connaissance, comme nous avons l'autorisation de visiter l'exposition universelle, récemment fermée, nous nous y rendons.

Au milieu d'un désordre bien légitime, mais bien complet, nous admirons nombre de vitrines remarquables. La section des princes indiens est surtout très intéressante ; en retour, celle des produits du *Tonkin* nous a l'air relativement pauvre, malgré son intelligente installation. La poussière, l'encombrement, et surtout la chaleur, mettent promptement fin à notre inspection.

Pour achever notre journée, nous allons au *Strand*, rendez-vous habituel du *high-life*.

Le *Strand* est une belle promenade longeant

la rive gauche de l'Hoogly, et à laquelle, du côté opposé, le fort *William* sert de décor. Notre locatis prend la queue de l'une des quatre files de voitures aux livrées éclatantes, qui garnissent ces Champs-Élysées tropicaux, et votre serviteur saisit... son *block-notes*.

Nous croisons, vautrés dans leurs calèches monumentales, des *babous** gras à éclater sous leurs transparentes enveloppes de mousseline blanche, et des *horizontales* du cru, vêtues d'or, d'argent, de pourpre et d'aurore, promenant paresseusement leurs yeux immenses, cerclés de *maï*** sur tout ce qui passe, sans avoir l'air de rien regarder.

De loin en loin, passe l'équipage d'un roi en rupture de couronne ou d'un *rajah* — autorisé à ne plus rentrer dans ses domaines.

Chacune de ces *Hautesses* a sur son siège, à côté du cocher, un *péon* très enturbané porteur d'une énorme canne d'argent ciselé. La canne est ici l'insigne du pouvoir présent et du pouvoir passé. — Comme c'est ironiquement vrai !

L'un de ces princes me frappe par sa maigreur et par une sorte de bandeau d'or cerclant

* Bourgeois hindous.

** Préparation pour agrandir les yeux.

ses cheveux plats. Ce promeneur important a l'air très fier de sa coiffure : — elle doit être cependant bien inoffensive, puisqu'on la lui... tolère :

Nombreuse armée bien armée,
Vaut mieux que couronne dorée !

Au travers de cette succession d'enluminures, traînées parfois à la façon des anciens *rois fainéants*, papillonnent de brillants *sowars** et des gardes à cheval à la culotte safran et au turban de feu.

Çà et là quelques taches plus sombres au milieu de ce miroitement ; ce sont les conquérants en redingotes irréprochables et en chapeaux à haute forme, correctement assis dans leurs landaus européens ou ébauchant, dans l'allée latérale, des *canters* que la température rend on ne peut plus méritoires. Sur le quai, toute une population de coolies se démène dans une poussière d'or, remplissant de ballots les cales des navires, si nombreux et si serrés, que les rayons du soleil couchant ont peine à se frayer un passage à travers le réseau de leurs mâts ; enfin, comme couronnement à ce tableau, le fort *William* étale

* Cipayes de la cavalerie.

sa face réjouie et contemple, avec les cent yeux de ses canons pour rire, — cette sorte de défilé de féerie dont il a l'air d'être le souffleur.

Tout à coup, la nuit tombe et la lumière électrique éclate, illuminant le square attenant au *Strand* et à l'*Esplanade*.

Après une courte promenade dans ce parc fréquenté surtout par les nourrices, les *ayas* * et les *pioupious* de la garnison, nous regagnons nos pénates : un superbe orage active notre retraite.

Vers neuf heures nous allons visiter, dans le quartier du marché, situé derrière l'*Hôtel de Paris*, les demeures censacrées au culte que protège la déesse *Parvati* **.

La plupart des prêtresses de ce joyeux service sont très belles et très gracieuses, leurs mains et leurs pieds sont d'une petitesse invraisemblable, le bronze n'est pas plus dur que leur poitrine et de leurs chevelures de jais, enguirlandées de fleurs de jasmin, s'exhale un parfum compensant agréablement l'odeur énervante de *hooka* dont Calcutta est imprégnée.

Au moment de m'étendre sur ma couchette, pendant que mon boy me déshabille, je constate

* Bonnes d'enfants.

** Déesse de la beauté.

qu'il a employé la majeure partie de la somme, soi-disant destinée à sa famille, à dévaliser un bijoutier indigène. — Ses phalanges n'ont plus rien à envier à celles des bayadères de Villenoor.

20 mars.

Dès six heures du matin, je continue ma reconnaissance de Calcutta.

Après le déjeuner, M. H. *Blanford*, un savant universellement connu et apprécié, doublé d'un homme du monde accompli, et M. E***, le plus correct des gentlemen, viennent nous prendre pour nous faire les honneurs du jardin botanique de Calcutta.

Leur chaloupe à vapeur nous attend au quai de l'Hoogly. A peine embarqués, nous descendons ce fleuve avec une rapidité telle que celui-ci se venge en nous éclaboussant dru, nous devons même un moment transformer nos ombrelles en parapluies. Au bout de vingt minutes nous arrivons à l'entrée de ce jardin faisant, sur la rive droite, pendant au palais du roi d'Aoûdh. C'est un superbe *paradéniya* plus civilisé que le premier, mais il faudrait être tout autre que moi pour parler d'une façon intéressante des productions merveilleuses entassées dans ce magnifique parc. Je remarque, entre autres curiosités, une pelouse immense envahie par les innombrables reproductions d'un seul *banian*, des bambous colossaux, moins élevés cependant que ceux de Ceylan, des tecks majestueux, des santals, des acajous, des ébéniers, etc. Les fougères arborescentes et les orchidées sont cultivées dans des serres formées d'un simple treillis de fer et de rotin.

Pendant que nous admirons cet entassement de merveilles botaniques, de splendides éclairs déchirent les nuages massés depuis quelques instants au-dessus de nos têtes, bientôt d'énormes gouttes de pluie accompagnent le concert tonitruant : Calcutta serait-elle la *Cité des orages?*

Nous nous réfugions dans un des bâtiments occupés par le conservateur du jardin. — Un *tip-top lunch* nous y attend.

L'orage a bientôt pris fin, nous remontons en chaloupe et, à huit heures et demie, nous sommes de retour à l'hôtel.

Nous allons, dans la soirée, au *théâtre parsi*, où l'on nous reçoit avec une respectueuse considération. Nous sommes, il est vrai, les seuls Européens de cette salle médiocrement installée.

Sur une scène primitive, des acteurs du sexe

laid, ridiculement peinturlurés, et attifés de vêtements de mauvais goût, chantent, sur un ton nasillard, des rapsodies tirées vraisemblablement des *Mille et une nuits*. Un orchestre, non moins primitif, met en relief les étranges motifs que dégoisent, avec conviction, ces cabotins de l'extrême Orient.

Pendant ce temps, à travers la fente d'une loge grillée, une dame de la haute société *parsie* risque sur nous un long œil noir. *Un bel œil est bien fort*, dit-on... Pas autant que l'ennui. En effet, après avoir pris sur nos fauteuils les poses les plus variées que ce sentiment nous suggère, nous abandonnons la place, — malgré le bel œil velouté de plus en plus noir.

Un café-concert se trouve sur notre route : nous y pénétrons, à la grande joie des Allemandes plus laides et moins bonnes musiciennes que celles de Port-Saïd, mais opérant dans les mêmes conditions ; les consommations sont d'ailleurs à l'unisson de l'orchestre : — nous réintégrons dare-dare notre domicile.

21 mars.

A neuf heures, le chancelier du consulat de France vient se mettre complaisamment à notre disposition pour nous faire visiter le palais du roi d'Aoûdh, ce collectionneur cacochyme de femmes et d'animaux.

Au bout de vingt minutes de voiture, nous arrivons à l'une des entrées de cet établissement royal. A notre vue, le garde de faction à cet huis agite énergiquement son sabre avec force dénégations, notre cocher arrête ses bucéphales sur les jarrets : — nous entrions dans le harem... bigre!

Nous faisons volte-face : une porte peu monumentale s'ouvre, nous pénétrons ; des gens se courbent à droite et à gauche : nous sommes arrivés. Le surintendant des très menus plaisirs de Sa Hautesse octogénaire nous attend en robe de mousseline blanche soutachée de noir ; il nous fait le *salam* d'ordonnance, puis nous donne le *shakehand* de la civilisation.

L'installation du roi d'*Aoûdh* consiste en un immense parc assez bien entretenu, servant d'encadrement à tout un éparpillement de palais, de châteaux d'eau, de volières, de kiosques et de cages. Plus de 4.000 serviteurs vivent aux crochets de ce monarque, amateur passionné d'animaux, surtout de serpents et de perroquets.

De temps en temps, des malins, parodiant la farce du *rat-à-trompe*, viennent lui offrir quelque nouveau spécimen, soi-disant rare, de ces deux espèces : par exemple, un serpent violet ou un perroquet lilas ; l'excellent vieillard est enchanté ; malheureusement, à la première averse, la teinture des phénomènes disparaît ni plus ni moins que celle de bien des gens de ma connaissance ; le monarque est furieux, mais comme il ne pleut qu'à des époques fixes, — les mystificateurs ont soin de se donner de l'air avant l'ondée révélatrice.

Après avoir visité une succession de ménageries bondées d'animaux curieux, et parcouru de grands jardins bien dessinés, mais absolument livrés aux bêtes, nous arrivons au palais des serpents, situé non loin de celui des singes.

Qu'on se figure une pile colossale et oblongue de grands obus en brique, dressée au centre d'une fosse rectangulaire à parois surplombantes, et l'on aura une idée à peu près exacte de cette bizarre construction. L'intérieur de chaque obus est habité pas un reptile.

Nous en voyons de toutes les espèces inoffensives ; beaucoup dorment, d'autres font une petite promenade de santé ; des jardiniers en rapportent quelques-uns qui ont profité de la nuit pour aller courir la prétentaine dans les massifs, et, à côté de nous, un vigoureux enfant nu en tord deux, d'une jolie couleur feuille morte, entre ses petites mains : — il me rappelle absolument un tableau de je ne sais quel maître de l'école hollandaise représentant la jeunesse d'Hercule.

Le surintendant fait un signe : des esclaves vident dans le *phalanstère ophidien* deux paniers de grenouilles. — Aussitôt messieurs les *ovipares*, sentant la viande fraîche, sortent de leur torpeur ou de leurs distractions, ouvrent leur œil oblique, bâillent, s'étirent, s'allongent, appréhendent les infortunés *batraciens* par leurs parties les plus charnues qu'ils aspirent lentement, puis enfin, les ramènent, non sans lutte de ces contribuables *in extremis*, dans leurs obus, où ils achèvent de les avaler.

Dès qu'une grenouille est poursuivie, elle chancelle, s'arrête, se gonfle, et reste complètement paralysée par les caresses terrifiantes de son ennemi. L'instinct de la conservation reparaît seulement à l'entrée de l'obus — qui donne lieu à une lutte suprême.

Pendant que nous assistons à ce festival étrange, un des charmeurs du roi nous donne le divertissement émouvant d'un combat entre deux serpents *fouets*.

Cette lutte, entre deux reptiles dont la morsure est mortelle, se passe à nos pieds : ces hideuses bêtes s'enlacent en sifflant, et entrent dans une colère telle que l'*impresario* est obligé de se servir d'une fourche en fer, pour remettre le plus furieux dans sa corbeille ; il parvient à saisir le second très adroitement au cou, et nous fait voir ses crochets articulés et perforés, plantés sur des glandes gonflées de venin.

L'exhibition se poursuit par la montre d'un gros lézard couvert de pustules, d'un serpent *minute*, et de trois superbes *cobra-capello*.

Nous continuons notre tournée par une visite aux lynx de chasse. Des chacals sont là, prêts à être égorgés par eux, sur un ordre de nous : — nous nous gardons bien de le donner. On nous présente ensuite des béliers de combat, vivant dans une perpétuelle surexcitation, puis, nous traversons toute une armée d'animaux en liberté, Tantôt nous montons sur des tortues gigantesques taquinées par des ibis roses et des grues à tête rouge, tantôt il nous faut faire des armes contre des cerfs de l'Himalaya ou charger, à coups d'ombrelle, des casoars et des autruches qui avaleraient volontiers nos yeux comme apéritif, si nous les laissions faire. Nous arrivons enfin devant un kiosque où un singe, encore plus monstrueux que ceux déjà vus, nous fait une horrible grimace, tout en frappant de son poing assommoir sa poitrine velue.

C'est le *salam* de cette brute, dont la taille dépasse la nôtre de toute l'encolure; cet orang-outang pousse l'amabilité jusqu'à nous donner une poignée de main; après cet échange de gracieusetés, comme le sujet en question est un fumeur de profession, son gardien lui apporte son *hooka*.

Il en tire d'abord, avec délices, quelques bouffées, puis, sur un signe de son cornac, il souffle sur le charbon afin d'en activer la combustion, et il fait cela en allongeant si démesurément ses lèvres monstrueuses, qu'on dirait d'un soufflet formé de deux cuissots de chevreuil : nous daignons rire, notre escorte se pâme... intérieurement : — l'Hindou ne rit jamais.

Cependant le soleil se transforme tellement en plomb fondu que, malgré nos casques et nos ombrelles, notre promenade devient un supplice. Nous serrons la *dextre* au délégué royal, nous saluons militairement la parodie de garnison qui s'incline, et, à dix heures, nous sommes à Calcutta.

Notre déjeuner est rapidement absorbé, car nous devons visiter *Chandernagor*, et être de retour, le soir même, pour dîner à l'*United*

Service Club dont nous sommes également membres honoraires par décision gracieuse du comité.

La gare de *Howrah*, située sur la rive droite de l'Hoogly, que nous traversons sur un grandiose pont de bateaux, a peine à contenir, malgré ses vastes dimensions, la foule d'indigènes qui s'y entasse.

Les Indiens adorent voyager, et le gouvernement, dans l'espoir que ces déplacements finiront par faire disparaître les préjugés des *castes*, encourage cette disposition naturelle, en exigeant des compagnies qu'elles maintiennent, pour les natifs, leurs tarifs excessivement bas. En revanche, on empile ces malheureux, ou plutôt, on les parque dans des wagons à barreaux de fer, comme des bêtes féroces et on les y enferme à clef. Hindous et Hindoues voyagent toujours en tenue *n° 1*, les femmes portant sur elles toute leur fortune mobilière, pour la plus grande gloire du mari; aussi sonnent-elles comme des chapeaux chinois, et, afin que la coquetterie ne perde jamais ses droits, ces dames (*natives females*) ont au pouce de chaque main une bague, dont l'énorme chaton en acier leur permet de se mirer tout à leur aise. — Elles ne s'en font pas faute.

Je remarque plusieurs *Afghans* chevelus, carrés, immenses, superbes sous leurs péplums antiques, se promenant avec un air de souverain mépris au milieu de ce troupeau d'Indiens, qu'ils écartent de leurs longs bâtons *d'hyksos* *.

Tout le pays, au sortir de Calcutta, entrecoupé de forêts, d'étangs et de rivières, est ravissant. De grands singes blonds, à longue queue, se promènent paresseusement à l'ombre des bananiers, des geais bleu turquoise, des guêpiers verts, des loriots d'or, des tourterelles et des perruches à collier, voltigent de toute part; la moindre flaque d'eau est occupée par un banc d'échassiers, chaque arbre possède au moins un vautour ou un aigle, comme locataire momentané, les fils télégraphiques eux-mêmes ressemblent à des chapelets dont les grains sont des oiseaux, et notre train, courant à toute vapeur, ne les émotionne même pas.

A la gare de Chandernagor, nous trouvons le *Gharry* du *Chef de S*[e], M. *Clément Thomas*, un de nos compagnons de route du *Natal* et du *Tibre*.

Au bout d'un quart d'heure de voiture sur une route percée à travers un fouillis d'arbustes,

* Pasteurs primitifs.

de bambous et de cocotiers, rappelant beaucoup celles de Ceylan, nous arrivons dans un village où les millionnaires ne doivent pas abonder, puis enfin, malgré un soleil féroce, à l'hôtel de M. *Clément Thomas*.

Chandernagor a une importance nulle au point de vue commercial; au point de vue politique, c'est un excellent poste d'observation et, en même temps, le *refugium peccatorum martyrumque* de l'Hindoustan, voire même de l'Indo-Chine.

Ainsi, dans le cas présent, le roi légitime de Birmanie, *Myn-Goon*, qu'une révolution a renversé, et que les Anglais avaient entraîné très loin de son trône, à Benarès, est venu s'y réfugier, — fuyant ces *protecteurs à façons de geôliers*.

M'est avis que ce prétendant birman fera un jour parler de lui!

. . . .

Mais revenons à nos moutons.

Chandernagor, coquettement situé au fond d'une anse formée par un coude de l'Hoogly, se compose d'une rangée d'assez belles maisons, dont l'hôtel du Chef de S^e^ au premier plan, de la cathédrale entourée de quelques habitations au deuxième plan et... c'est tout.

Sans vouloir rien affirmer au sujet de sa propriété financière, je crains qu'elle ne laisse beaucoup à désirer; en revanche, la végétation est si luxuriante et cache si bien, sous les fleurs, ce que nous ne cherchons pas à voir, qu'on ne peut qu'emporter un bon souvenir de ce petit coin de l'Inde française.

Notre première visite est pour le R. P. B*** qui, depuis quarante ans, bataille pieusement pour la construction de son église, presque achevée maintenant. Tout en nous faisant admirer son monument auquel il ne manque que les cloches et les punkas, cet excellent prêtre, dont la mauresque et le casque blancs ne diminuent en rien la dignité, nous parle, avec attendrissement, de notre belle France qu'on ne quitte jamais sans regrets, — fût-ce même pour gagner le ciel.

Nous visitons ensuite l'hôtel-villa-palais de M. *Courjon* et sa ménagerie particulière, reste d'un luxe inintelligent qui a vécu, puis, après avoir donné un coup d'œil à la caserne des cipayes, ces braves *myrmidons* de notre armée, et pris congé du Chef de S^e^, nous regagnons la capitale.

En roulant vers Calcutta, de tristes pensées nous accompagnent : *Pondichéry*, *Chandernagor*, *Karikal*, *Yanaon*, *Mazulipatan*, *Mahé*, *Surate*, en tout, 59,000 hectares et une maigre compagnie de cipayes : voilà les restes de notre puissance aux Indes !

Et cependant, il y a un siècle et demi à peine, la moitié de l'immense territoire hindou était soumis à notre domination et notre drapeau flottait triomphalement, de la côte de *Malabar* à la côte de *Coromandel*, maintenu toujours déployé par le grand *Dupleix* dont le génie et l'héroïsme avaient vaincu amis, ennemis, et... préjugés ! — Les feudataires du grand mogol ne traitaient-ils pas de sœur sa femme *Joanna Bêgûm?*

Je cours à fond de train, je ne ferai donc pas l'historique de nos malheurs, trop connus, hélas! je rappelle seulement que bientôt la jalouse et implacable Angleterre nous ravit la plus splendide des colonies, à force d'intrigues... Et à force de victoires, direz-vous : soit, mais en combattant cinq contre un ; et n'oubliez pas que le plus grand de nos vaincus a été nommé le *Maître des Anglais* *.

Howrah... ! nous sommes arrivés : à une autre fois les sombres souvenirs !

* Le bailli de Suffren reçut du sultan Heyder-Ali le nom de *Maître des Anglais*.

Un saut dans notre bain, un bond dans notre habit, et, à sept heures trois quarts, nous attaquons un imposant dîner au club.

Après boire, nous parlons, entre autres choses, des empiètements de la Russie. — Étonnerai-je quelqu'un en affirmant que les volettements de *l'aigle noire* par delà le *Paropamisus* ont le talent d'agacer considérablement nos hôtes?

22 mars.

Je visite *China-Bazar*, où je me commande, chez un tailleur bengâli, deux complets à la mode adoptée pour voyager dans ce pays. Ce costume consiste en un patalon en toile de coton, et en une sorte de veston de même étoffe à collet droit, qui permet de supprimer la chemise; c'est très pratique et peu cher.

China-Bazar, situé au centre de Calcutta, est une agglomération d'indigènes de toutes les races, exerçant pêle-mêle leurs différentes industries. Sans entrer dans une description détaillée des innombrables boutiques de cette ville, dans la ville, je signalerai seulement que tous les cordonniers sont Chinois.

Les veaux et les vaches étant des animaux

sacrés, les Indiens ne sauraient travailler leur cuir : aussi les *Célestials* malins en profitent-ils pour exploiter ces fanatiques adorateurs de bêtes à cornes.

De *China-bazar*, où l'animation est indescriptible, je me rends à l'Hôtel de la poste dont le dôme rappelle celui de notre *Panthéon*, puis au monumental palais du *vice-roi ;* — rien d'intéressant à y signaler.

Ea arrivant à Calcutta, nous avions décidé que nous foulerions du pied l'Himalaya : *quo non ascendamus !*

Aussi, dès notre retour à l'hôtel, donnons-nous l'ordre à nos boys de déposer nos malles légères et de faire leurs préparatifs, de façon qu'à trois heures nous soyons en route pour *Darjeeling*.

Il fait 36°, et ces malheureux grelottent déjà à la pensée du froid qui les attend.

Nous octroyons à chacun d'eux une belle robe en laine doublée de rouge et deux couvertures : ils se déclarent prêts à nous suivre au pôle.

— A nous l'Himalaya !

De la gare de *Sealdah*, que nous quittons à trois heures, à *Damookdea* où, à sept heures et demie, nous atteignons la rive droite du Gange, le pays n'a rien de remarquable. Nous traversons d'immenses plaines cultivées, mais desséchées à faire pleurer ; de nombreux bouquets de bambous peuplés d'oiseaux et quelques oasis touffues, marquées par des villages aux cases terreuses, rompent seuls la monotonie de la route.

Arrivés au Gange, nous montons sur un steamer à larges roues qui dérape aussitôt. Une table est dressée sur le pont, sous une tente semi-moustiquaire, et, tout en avalant ce qui nous tombe sous la dent, y compris les nombreux insectes excités outre mesure au suicide par notre éclairage sous cloche de verre, notre bateau traverse, avec infiniment de précautions, le large fleuve, au chant monotone et continu de nos sondeurs, au cliquetis des fourchettes, et au bruit plus mat de nos mâchoires.

Sur la rive gauche, où nous atterrissons au bout de vingt minutes, un rossignol aux puissantes trilles de cristal, nous souhaite la bienvenue. Nous débarquons presque à tâtons, mais, à quelques mètres du rivage, une sorte de long chat noir nous fixe de ses yeux énormes : c'est notre train ; nous l'enfourchons. Il miaule aussitôt et s'enfuit dans la nuit illuminée par des myriades de lucioles qui transforment la *jungle* en une mer d'étincelles dont l'éclat augmente encore, quand nous traversons un lieu habité ou un marais.

Cependant, il n'est si beau livre qu'à la fin on ne ferme ; mon boy, indifférent aux lucioles, m'a disposé mon rudiment de lit, je m'y étends, — et je m'endors en rêvant que je suis une étoile filante.

CHAPITRE V

Silliguri. — L'Himalaya. — Le Teraï. — En railway fantastique à travers les fougères arborescentes, les magnolias géants, les shoréas et les lianes. — La route du Thibet et de la Chine. — Un peuple polyandre. — Darjeeling et le Sikkim. — Retour à Calcutta.

23 mars.

A sept heures du matin, je m'éveille à *Silliguri;* nous sommes au pied de cette gigantesque muraille de l'Himalaya, dont les contreforts, bleutés par la brume matinale, se dressent devant nous. Changement de train.

A l'inverse du *tea fine*, les railways deviennent de moins en moins confortables; celui sur lequel nous prenons place est presque minuscule.

Il se compose de quatre wagonnets sans marchepieds, d'une boîte dite fourgon et d'une locomotive avec tender, l'une et l'autre de la famille des *bassets ;* de simples couples réunissent entre eux ces divers éléments.

On entasse, comme on peut, les bagages dans le fourgon, un Indien olivâtre, au nez épaté, se plante dessus pour les tasser et les maintenir, un maître coup de sifflet retentit, et nous chargeons à toute vapeur la muraille bleue, — entre deux rangées de rhododendrons rouges.

Nous abandonnons promptement la jungle marécageuse et malsaine pour atteindre, sur le talus himalayen, des plantations de thé remarquablement soignées, puis nous pénétrons dans un fouillis indescriptible de plantes, d'arbustes, et d'arbres de toutes espèces, sorte de chaos végétal qui paraît être le pot-pourri de la nature : — c'est le *Téraï*.

Notre locomotive tousse et souffle dru, car la montée devient à chaque instant plus raide ; de temps à autre même, elle suffoque. Je comprends maintenant que les Anglais soient fiers d'avoir conçu et exécuté cette ligne ferrée, où toutes les difficultés semblent avoir été prises à partie pour en triompher : c'est un vrai défi jeté à la nature par la science et l'orgueil humain.

Tantôt notre train s'élève en espalier, avançant puis reculant comme la navette d'un tisserand, tantôt, comme un serpent qui mordrait sa queue, il se hausse en se recoupant sur lui-même, tantôt, il court sur des balcons naturels surplombant des précipices dont les fonds insondables sont mouchetés de nuages ; ni les ravins béants ni les murailles de granit n'arrêtent notre course, et les pentes vertigineuses ne nous préoccupent pas plus que les courbes les plus risquées. A tout moment, les freins crient, la locomotive râle, les couples gémissent, les wagons craquent, puis tout reprend son ascension haletante ou sa course folle et saccadée.

Foin de la précaution humiliante des roues à engrenage : quatre roues simples, mais très basses, il est vrai, portent notre fortune. Si les freins cèdent : c'est la suprême simplification.

Tout en gravissant, zigzagant, serpentant et bondissant, nous traversons des contrées merveilleuses dont j'enrage de ne pas savoir peindre les magnificences.

Pendant une heure, défilé des fougères arborescentes : ce ne sont que festons, ce ne sont qu'astragales ; aux fougères succèdent de nouveau les touffes proprettes des arbustes à thé. Nous pénétrons ensuite dans la région des grands shoréas *, des chênes, des châtaigniers et des magnolias gigantesques, drapés de plantes grimpantes aux puissantes frondaisons ou enrubannés de monstrueuses lianes qui les font ressembler à des *caducées* géants. Certains magnolias sont tellement couverts de fleurs, qu'on les dirait enveloppés d'un voile blanc, d'autres *gisent* étouffés sous les enlacements des parasites : c'est la forêt vierge dans toute sa splendeur... et dire que nous la violons à toute vapeur, cette forêt, — vierge quand même !

La voie ferrée suit à plusieurs reprises la grande route du Thibet et de la Chine où nous reconnaissons les *Boutanais* trapus, à la figure olivâtre et aplatie, aux larges épaules, et aux mollets énormes, les *Goorkhas du Népaul* ** (les meilleurs soldats du contingent indigène de l'armée anglaise), présentant à peu près le même type, et les *Lepchas*, reconnaissables à la grosse tresse de cheveux sortant de leur feutre mongol. Tous

* Shoréas (sâls) grands arbres appartenant à une famille dont les représentants existent seulement dans cette partie de l'Asie, et produisent un suc résineux. Certains sujets atteignent 20 mètres de hauteur.

** A propos des *Goorkhas*, comme le souverain du Népaul, mal disposé pour les Anglais, se refuse à céder de nouvelles recrues à ses trop *ombrageants* voisins; ceux-ci, pratiques, ont imaginé d'instituer des *haras* et des *jumenteries* de Goorkhas avec les sujets qu'ils possèdent. (ceci, sous toutes réserves).

portent à la ceinture un poignard à trois lames, et marchent fièrement. Je me figure que ces gaillards-là ne doivent pas se laisser bâtonner aussi facilement que les Bengâlis.

Les femmes de ces peuplades sont petites, généralement laides, mais solidement établies (rien de l'article de Paris); leurs extrémités sont fines, leurs mollets forts, et leur corsage, échancré en cœur, laisse apercevoir des rondeurs irréprochables. La plupart sont tatouées et couvertes de bijoux et d'amulettes, aux incrustations de turquoises et de corail.

Je remarque plusieurs indigènes portant des fleurs de magnolia dans leurs cheveux.

Mon aimable voisin, hongrois d'origine, que j'interroge à ce sujet, me dit que cette fleur est un symbole de tristesse et de deuil; il m'apprend également que le régime social de ces tribus est la *polyandrie*.

Dès qu'une fille est nubile, elle prend un mari; à partir de ce moment psychologique, elle peut s'offrir tous les *concubins* qui lui plaisent, en commençant de préférence par les frères du mari. Quoi qu'il arrive, les enfants appartiennent à la mère, ou, dans certains cas, au grand-père maternel.

On conçoit en effet, sans peine, que la

recherche de la paternité soit quelque peu malaisée chez ces *mormons* d'une autre espèce.

Quand on se roule sur un buisson d'épines, sait-on au juste quelles sont celles qui vous piquent?

Après un déjeuner passable à *Kurséong*, reprise de notre ascension féérique. De toutes parts bondissent des cascades fumantes, les précipices se multiplient, mille cadavres ligneux sont accrochés aux arêtes des rocs, de grands aigles planent dans les airs, au-dessous de nos pieds, et, à chaque instant, nous crevons un nuage servant de rideau accidentel à un changement de décor : c'est idéal...

Vers midi, plus moyen d'avancer; un rail a été emporté par un éboulement, mais, en moins de vingt minutes, la voie est rétablie.

Un voyageur, pressé ou poseur, fait la réflexion qu'on aurait pu passer quand même : — oui, mais de vie à trépas, vraisemblablement.

Tout se passe d'ailleurs en famille sur notre railway ; quand notre locomotive a soif, elle s'arrête sous une cascade, son chauffeur *lepchas* y adapte une manche, aussitôt satisfaite, elle repart en s'ébrouant; si, par suite d'excès de consommation, elle a faim en dehors des stations d'arrêt, on stoppe, au milieu d'une tribu, et des indigènes apportent un supplément de fagots qui leur est payé comptant; enfin, si les bagages, trop bousculés, menacent de déserter leur fourgon, on ralentit pour permettre à des Indiens de sauter au passage sur les valises branlantes auxquelles ils servent de bâche vivante. — Dans aucun cas, on ne s'occupe des voyageurs.

Cependant à force de nous élever, nos manteaux deviennent indispensables; puis les *Shoréas* se font rares et les grands rhododendrons font leur apparition ainsi que les diverses variétés de conifères. Après avoir atteint, vers quatre heures, le point culminant de la montée, nous redescendons sur le flanc nord de ce puissant étai de l'*Himalaya*, et, à quatre heures et demie, nous arrivons à Darjeeling.

Deux palanquins découverts, en forme de pirogue, nous attendent; nous nous y couchons, mais le roulis produit par l'amble de mes trois porteurs me rappelle trop celui du *Tibre*... je termine la route à pied.

Notre installation au cottage *Bayle* une fois reconnue, nous procédons immédiatement à l'examen d'ensemble de ce *sanitarium** de la province du Bengale, qui a nom *Darjeeling*.

* Station d'*hospitalité militaire*.

Cette station consiste en un superbe hôpital militaire, agrémenté d'un croissant de villas, de petits hôtels et de maisons d'éducation suspendus, comme un troupeau de chèvres, aux flancs escarpés d'un cirque ayant pour décors les plus hauts sommets du globe ** : — c'est la *Suisse* des géants.

Chaque cottage est entouré de délicieux jardins où les dracénas et les rhododendrons de neuf mètres de hauteur luttent de vigueur avec les cèdres déodorah, les mélèzes, les *pins-kassia*, etc., etc.

Plus le ciel enflammé; nous sommes dans le *Sikkim*, province extrême de l'Empire indien, enfoncé dans le Thibet comme un coin entre le *Népaul* et le *Boutan*, ou mieux, comme une lorgnette dont l'oculaire appartient aux thibétains. Il n'est donc pas étonnant que les Anglais voient un peu trouble de ce côté, puisqu'ils regardent chez leurs voisins par le gros bout de la lunette. — Qui vivra verra !...

Les *Sikkimois*, presque tous armés de superbes poignards, sont chaudement vêtus de houppelandes, chaussés de bottes en laine et en cuir supérieurement enjolivées, et coiffés de feutres

** Mont Evêrest 8.848 mètres, le Kantchindjunga 8.540.

marrons relevés à la chinoise; leur propreté me semble douteuse au point de renoncer à rien approfondir.

Pendant que je marchande un bracelet à une beauté camarde du pays, un dévot fait tourner machinalement son *moulin à prières*. C'est une sorte de cylindre en argent, coiffé d'un cône et monté sur pivot; un poids, attaché à l'extrémité d'une chaînette, facilite le mouvement giratoire, enfin, des prières sont ciselées sur le cylindre. Autant de tours, autant d'indulgences. D'autres pieux croyants disent dévotement leur *chapelet :* — nous sommes de nouveau en plein *bouddhisme*.

La température a baissé considérablement, il fait + 4°, nos ombrelles, emportées par habitude, ont des airs piteux, et nos boys, en grande tenue, nous suivent en soufflant sur leurs doigts. J'avoue que mon bain froid a été court, et qu'un bon feu n'est pas de trop dans nos chambres.

Parmi les rares étrangers actuellement à *Darjeeling* se trouve un Belge, *M. Lamalle*, marié à une Française.

Ils sont l'un et l'autre aussi aimables que spirituels; — nous avons vite fait connaissance.

24 mars.

Au réveil, nous avons beau écarquiller nos yeux; des nuages, d'une opacité sans pareille, enveloppent le mont *Evêrest* et le *Kanchindjunga*.

Que ne suis-je le géant de Victor Hugo :

Qui de son souffle au loin courbait les peupliers?

Comme j'éventrerais cet humide et malencontreux édredon, jeté sur le plus merveilleux des panoramas !

Tout en pestant contre les nuages, brumes, vapeurs et buées, nous visitons rapidement Darjeeling, dont le marché est *la great attraction;* nous y achetons divers bibelots, puis nous rejoignons le train fantôme.

A la gare, une *harde* de femmes, plus que familières, nous offrent effrontément une infinité de choses leur appartenant; si on insistait tant soit peu, elles donneraient tout : — nous nous gardons de rien demander.

Elles sont, d'ailleurs, peu ragoûtantes; l'une surtout est hideuse, ses cheveux sont ruisselants de graisse rance, ses ongles sont démesurément longs, et, tout en poussant des hurlements de bête, elle nous sourit aussi gracieusement qu'une guenon; elle doit être enragée, malgré ses amulettes. Je lui jette quelques *païs*, elle se précipite à quatre pattes, on dirait qu'elle broute, et je ne puis m'empêcher de penser à... *Nabuchodonosor* (!).

Pendant que je suis en Assyrie, par la pensée, notre locomotive nous entraîne brutalement loin de ces mégères aux yeux bridés.

Je ne reviendrai pas sur les beautés pittoresques revues avec avidité, cependant la descente est encore plus fantastique que la montée; à chaque instant, on croit que l'on part pour l'éternité : — ça fouette le sang !

De Damookdea à Calcutta, j'ai la bonne fortune de voyager avec le colonel *Keith Fraser*, un parfait gentleman, qui a laissé, partout en France, de charmants souvenirs.

Il vient de faire pendant trois mois, sur la frontière du *Boutan*, des chasses merveilleuses; son *tableau* est une épopée : — j'y relève, entre autres pièces, trois rhinocéros et deux tigres.

25 mars.

A peine de retour à Calcutta, nous décidons de partir pour Benârès, dont 766 kilomètres nous séparent. Grâce à nos boys nous sommes bientôt parés.

Au moment où nous nous disposons à quitter l'hôtel de France, un flot d'Hindous, produisant un bruit assourdissant, envahit la rue; cette cohue représente un mariage musulman.

Les époux, recouverts d'un voile rose et vêtus d'étoffes éclatantes, sont maintenus à cheval par leurs parrains; deux proches parents tiennent au-dessus des conjoints au berceau (ils ont à peine six ans) une sorte de parasol en drap d'or, dont la forme rappelle celle du moulin à prières du dévot de Darjeeling. Ce cortège est entouré par des porteurs de torches et de lanternes vénitiennes; un millier d'énergumènes, surexcités outre mesure, suivent en hurlant à qui mieux mieux; enfin, pour compléter le tapage, des musiciens incohérents tapent, à tour de bras, sur des tambours, des tam-tam, des cymbales et autres instruments de salon. — C'est à regretter de ne pas être sourd!

A neuf heures et demie, nous sommes emportés vers la ville sainte des Hindous.

CHAPITRE VI

Benârès, la ville sainte. — Mistress Clarck. — Brahmes et Fakirs. — Le Gange et les Ghauts, illuminés en l'honneur du Burchwa-mûngul. — La mosquée d'Aureng-Zeb. — Le temple de Dourga, protectrice des singes. — Le palais du Maha-Rajah (ses éléphants, sa dévotion à Dourga). — Le temple d'or de Çiva (le lingam et les vaches sacrées). — Les hekkas. — La baignade sacrée. — La crémation des morts. — Départ pour Lucknow.

26 *mars.*

APRÈS avoir roulé pendant vingt heures à travers d'immenses plaines, aux champs de *jute** et d'*opium*, mouchetés de touffes de bambous, nous arrivons vers deux heures de l'après-midi à *Moghul-Seraï*, d'où un

* Plante de la famille des tiliacées représentant la plus grande valeur commerciale de l'Inde (c'est le chanvre asiatique).

embranchement nous conduit à la rive méridionale du Gange.

Au delà de ce grand ruban bleu, Benârès* nous apparaît comme dans un brasier.

Notre *gharry* nous mène rapidement au fleuve, s'engage sur un pont de bateaux, semblable, en moins bien, à celui de *Howrah*, remonte péniblement la falaise poussiéreuse, traverse de longs carrefours poudreux, et nous dépose enfin à *Clark-hôtel*, à proximité des cantonnements anglais.

Sous la vérandah, la propriétaire de l'hôtel, une Hindoue, attifée à l'anglaise, nous accueille très correctement.

Cette mistress jus de réglisse, dont on nous avait déjà parlé à Calcutta, singe parfaitement les *grandes* et *honnêtes* dames d'exportation du Royaume-Uni; elle en a le maintien, l'accent, le chignon *cul de lampe*, le *couvercle* en dentelle et les incisives exubérantes; — elle tient même à la main le *Times*, qu'elle lit, d'ailleurs..., à l'envers.

En dehors de ce léger ridicule, elle se montre si affable, que, pour encourager sa manie, nous feignons de la prendre pour une fille des conquérants. N'a-t-elle pas, en réalité, acquis ce

* Benârès (175.000 habitants).

droit, en épousant en justes noces le plus débonnaire des Anglais, et en portant triomphalement... la culotte, assure-t-on ?

En pareil pays, c'est bien méritoire, surtout quand on n'y est pas forcé.

Sans perdre de temps, nous sautons en voiture pour aller prendre un aperçu général de Benârès, dont un petit kilomètre nous sépare.

Cette ville célèbre est en pleine décadence, comme toutes les cités livrées exclusivement au fanatisme et à la superstition. La maxime : *Aide-toi, le ciel t'aidera*, est ici lettre morte ; aussi le ciel s'en est allé du côté des Anglais.

A quoi bon travailler ? Que sert d'étudier ? Pourquoi se soigner ? disent les brahmes : on se *piscine* et on se *repiscine ;* on sacrifie à *Vishnou*, à *Çiva*, au *lingam*, à *Dourga*, aux singes, aux vaches, aux serpents, à quoi sais-je encore ?

Mais les trônes s'effondrent ; mais les palais croulent, mais les maisons tombent, les récoltes manquent et les maladies pullulent !... Qu'importe, tout est sauvé : Ne vient-on pas d'édifier un nouveau reliquaire, ou de *fétichiser* une nouvelle bête ? *Nunc erudimini !*

Nulle part, en effet, brahmes, fakirs et santons n'étalent plus complaisamment leur paresse et leur malpropreté. Certes, cette *Cour des*

Miracles asiatiques n'a rien à envier, comme saleté, à la réputation de l'ancienne; les piscines *purificatoires* surtout sont d'une puanteur à foudroyer les malheureux qu'on y plonge, et les *araignées* cérébrales des patients doivent être entoilées d'une façon toute spéciale, pour résister à de pareilles douches.

Afin de perpétuer cet état de choses, par l'exemple d'en haut, un antique usage veut que chaque prince, appartenant à la religion brahmanique, possède à Benârès un palais habité seulement à l'époque des fêtes religieuses.

Tout en nous contant son boniment, notre guide nous conduit au bord du Gange; là, il nous fait admirer ses demeures royales à demi incendiées par le soleil couchant.

Qu'on se figure un gigantesque parapet de palais, où tous les ordres de l'architecture hindoue sont représentés, ayant pour talus d'escarpe les *ghauts*, aux larges marches de pierre, et pour fossé, ou plutôt pour miroir le Gange, et l'on aura une idée approximative du spectacle dont nous jouissons.

Afin de rester dans la vérité absolue, j'ajouterai que la plupart de ces habitations princières sont des façades et des placards monumentaux plutôt que des palais, et que l'intérieur est loin de répondre toujours à l'extérieur : ce sont les sépulcres blanchis de l'Évangile.

Les Hindous de Benârès me paraissent supérieurs, physiquement, aux Bengâlis de Calcutta, cela tient sans doute à la grande quantité de *brahmes*. En revanche, les femmes sont rarement jolies, mais quels coquins d'yeux elles possèdent ! On dirait même qu'elles ont peur de nous aveugler en s'en servant vis-à-vis des nôtres : la plupart, en effet, détournent la tête à notre vue et ramènent gracieusement un bout de leur voile sur leur visage. — Il ne faudrait cependant pas s'exagérer outre mesure la pudicité de ces dames !

Nulle part, nous n'avons encore vu une foule aussi timide ; les babous et les gens de caste nous saluent avec déférence, les charrettes haltent, les *hekkas** se détournent, les noirs policiers, ornés de superbes turbans et armés de casse-têtes respectables, s'hypnotisent devant nous et, comme nous descendons de voiture pour parcourir les rues en amateurs, au cri : *saëb*, *saëb*, répété de bouche en bouche, une allée se trace comme d'elle-même devant nos pas, au milieu de cette houle humaine. Seul, un *cheptel* de bœufs sacrés,

* Petite voiture du pays.

avachis au milieu de la rue, dédaigne de nous céder le pas. — Nous évitons, avec soin, de le bousculer, car ici, encore plus que partout ailleurs dans l'Inde :

« *Maxima debetur bovi reverentia.* »

A la tombée de la nuit, nous nous offrons une reprises de bayadères. Elles sont tout aussi monotones que celles de *Villenoor*, mais moins convaincues et encore plus couvertes de bijoux.

A notre arrivée à l'hôtel, mistress Clark avait expliqué à nos boys que la cité Sainte était en liesse pour trois jours, en l'honneur de la fête du *Burchiwa-Mungul* *, et que le programme comportait, à minuit, l'illumination du Gange ; nous étions également prévenus qu'un des bateaux du *Maha-Rajah* serait à notre disposition.

Donc, à onze heures, nous gagnons les bords du fleuve et les *ghauts* regorgeants déjà d'une fourmilière humaine, d'où se dégagent un bruit assourdissant et une grande variété d'émanations.

Nous avançons, presque portés par la foule, qui, toutefois, s'écarte avec déférence quand elle nous reconnaît. Tout à coup, six énormes

* Fête annuelle du grand Jeudi.

éléphants, brillamment pomponnés, surgissent brusquement de la nuit, puis s'y replongent pour réapparaître encore, selon le caprice du va-et-vient des torches : — on dirait d'une hallucination...! c'est la garde de l'embarcadère d'honneur.

Nous arrivons en pleine lumière : les éléphants saluent de la trompe; à leurs pieds, un grand bateau carré, surchargé de dorures, de girandoles, de lanternes, et surtout de miroirs, nous présente sa passerelle : nous la franchissons. Aussitôt, des gardes à turbans amarantes, rayés d'or, s'inclinent respectueusement, des serviteurs s'empressent de nous présenter des sièges, et enfin, un superbe intendant vient nous offrir, avec une grâce extrême, des bouquets de roses!

Suis-je Néron, et va-t-on brûler Rome?..... peut-être; eh bien! soit:

Esclave, apporte-moi des roses!
Le parfum des roses est doux.

et, que la fête commence!

Mon hallucination est de courte durée, car notre guide vient nous expliquer péniblement que S. H. le Maha-Rajah ayant perdu son frère dans la journée, ses bateaux ne prendront pas part à la fête, et que celui à bord duquel mon imagination bat la campagne appartient à un riche magistrat hindou.

Nous abandonnons immédiatement cet esquif hospitalier, au grand désespoir du majordome, des gardes et des invités, et nous gagnons le milieu du fleuve dans un caïque public.

Rien ne peut donner une idée du merveilleux spectacle qui se déroule à nos yeux pendant que, dans la nuit étoilée, nous glissons lentement sur le Gange.

Des myriades de torches et de lanternes éclairent la foule diversement agitée, inondant les gradins en amphithéâtre et les innombrables embarcations aux formes emblématiques ; l'onde frissonnante reflète et multiplie ces mille lueurs, et la sombre muraille de palais couronnant les ghauts semble éprouver, par instants, de fantastiques tressaillements.

Tout à coup, jaillissent de toutes parts fusées, serpenteaux et soleils, tandis que les feux de bengale enflamment l'étrange panorama de leurs clartés sanglantes. A mesure que mille de ces feux s'éteignent, mille autres éclatent ; les palais ne tressaillent plus, ils s'agitent, ils prennent part à la fête... Tout est en feu : la ville, le peuple, les flots, le ciel lui-même. Décidément, c'est bien l'incendie de Rome !... Allons :

Qu'on m'apporte des roses !

— *Repos* pour la *folle du logis.*

Au milieu de cet embrasement et devant cet immense troupeau de spectateurs, sur de grandes *birèmes*, des bayadères exécutent leurs danses les plus savantes ; sur d'autres, de jeunes enfants, possédés du dieu ou possédant, plutôt, nombre de verres d'*arack*, hurlent de saintes rapsodies, en convulsionnant leurs yeux, se tordent, se pâment, puis tombent finalement, en extase feinte, entre les bras des prêtres ; plus loin, des acteurs affreusement grimés se livrent à d'inexplicables contorsions ; plus loin encore, un orchestre bizarre mène un tapage diabolique, et au-dessus de tout ce miroitement d'êtres et de choses, le ciel, de plus en plus étincelant, fait pleuvoir sur nos têtes, à travers l'azur de la nuit, sa merveilleuse jonchée de rubis, de diamants et de topazes.

A deux heures du matin, nous descendons à terre et nous regagnons nos pénates.

27 mars.

Dès l'aurore, nous nous rendons, en barque,

au pied de la mosquée d'*Aureng-zeb*, célèbre par la hauteur sans pareille de ses deux minarets fusiformes. Ensuite, nous passons en revue toute une série de reliquaires, de pagodes, de temples et de puits sacrés, auprès desquels, sous de grands *champignons* sculptés, des santons dégoûtants, coiffés de couvre-chefs plus hauts qu'eux, excitent les fidèles, récemment piscinés, à encourager leur idiotisme réfléchi.

En somme, malgré ses odeurs, ce quartier, peuplé comme une *lapinière*, est très curieux à étudier, car, nulle part, il n'existe de rues aussi étroites et aussi *zigzagantes ;* c'est un véritable labyrinthe. — Je crois même que, sans notre guide, nous y serions encore.

Après le déjeuner, nous allons visiter, en dehors de la ville, le temple de *Dourga*, épouse de *Çiva* et protectrice des singes.

Ce temple consiste en un dôme central, entouré d'un quadrilatère de murailles à colonnettes, et en un lac sacré.

Le dôme, peint en rouge, est très habilement fouillé, mais les portes massives, en cuivre ciselé, sont surtout remarquables.

A notre vue, un peloton de singes, qui causaient de choses et d'autres avec des prêtres, se déploie en fourrageurs, et chacun d'aller se percher sur les clochetons, les colonnes et les arbres extérieurs.

Affublés des inévitables colliers de fleurs jaunes, nous offrons à ces protégés de *la femme à Çiva* un régal de noisettes, qu'ils grignotent avec force grimaces, tout en surveillant les moindres tressaillements de ma canne ; puis nous nous faisons conduire vers le palais d'été du Maha-Rajah, situé sur la rive méridionale du Gange, à quelques kilomètres seulement du point où nous sommes.

Une belle allée d'arbres nous amène bientôt au bord du fleuve.

A l'ombre de ces arbres est campé un détachement de la garde du prince, ainsi que des éléphants et quelques dromadaires.

Je constate que les cavaliers laissent beaucoup à désirer sous le rapport de la tenue. Les *revues de détail* et de *propreté* sont évidemment inconnues ici : les harnachements sont sales, les ors des étriers et des brides sont *craqués* en maint endroit, les aciers sont niellés de rouille, et les caparaçons ont presque autant de trous que de galons.

J'inflige mentalement huit jours d'arrêts au chef du détachement, en réponse à son salut ; puis nous montons ensuite en bateau, et deux superbes noirs, armés de longs bambous, nous conduisent à la rive opposée.

A côté de nous, sommeille sur l'eau un paon gigantesque.

C'est le caïque du Maha-Rajah ; l'oiseau de *Junon* — étant le modeste emblème de ce prince.

Cette embarcation a dû être superbe, quand elle était neuve ; les dais du trône, de coupe très élégante, sont recouverts de brocart d'or, et les rameurs sont richement *enturbanés ;* malheureusement, tout cela est fané et manque d'entretien ; les rames sont dépareillées, la brillante aigrette du paon incline à gauche, et plusieurs yeux de sa queue ont disparu.

L'Indien est incapable d'entretenir ou de réparer quoi que ce soit : c'est la marque distinctive de son caractère, comme, dans un autre ordre d'idées, la caractéristique de la femme indienne est — de ne pas savoir embrasser... même ses enfants. Mais, je sors de mon sujet : *au temps*.

Du point où nous sommes, la masse rose du palais, nettement détachée de la falaise sablonneuse, fait un superbe effet sur le ciel bleu pâle.

Notre objectif atteint, nous pénétrons dans

l'intérieur d'une première cour par une porte monumentale assez laide.

Les soldats de garde, chaussés de *godillots* qui ont l'air, entre parenthèses, de les faire crânement souffrir, rectifient tant bien que mal leur position... précaire, sans nul doute ; puis un vieux babou, intendant du palais, nous introduit, après force *salams*.

Le *Mollard* exotique est très aimable, jugez-en : afin de nous faire connaître immédiatement son degré d'instruction, il lit à haute voix nos noms sur nos cartes, ce qui paraît être le suprême du genre. — S'il nous avait passé son carton, nous aurions été légèrement embarrassés d'en faire autant.

Sans décrire, ni détailler les nombreux appartements de cette demeure royale, je me résume en disant que quelques-uns sont très beaux, que beaucoup sont médiocres, et que le grand balcon *bow-window* en marbre blanc sculpté, dominant le fleuve, est la plus belle chose du palais.

Comme revers de la médaille, il nous faut admirer les boîtes à musique qui déshonorent la grande salle de réception.

Le babou tient absolument à les faire sonner toutes successivement... Oh ! mes nerfs !

Ce n'est pas fini : après la reprise de serinettes, vient le tour des portraits, à l'huile ou au beurre, des grands personnages anglais, peinturlurés par des barbouilleurs... *irlandais* à coup sûr. *Valpurgis* des croûtes... salut !

En regagnant la porte de sortie, l'excellent et naïf intendant nous fait remarquer, avec complaisance, une batterie de gros canons dorés à âme lisse et à parois... minces, puis une pile d'obus aussi peu catholiques que ceux qui les ont donnés (!). Car c'est un récent cadeau, nous dit-il.

En échange de ses bons procédés, nous recommandons à ce vieillard de ne pas se tenir trop près de ce joujou de guerre, quand on s'en servira ; et, après lui avoir serré la main, nous nous rendons au *kraal* par un chemin poussiéreux, bordé de cactus.

Quatorze magnifiques éléphants, enchaînés par un pied, y sont présentement ; chacun d'eux est entouré de la famille de son *mahout*, qui lui prodigue ses soins.

L'un des plus grands passe son temps à se jeter des poignées de paille sur le dos en guise de poudre de riz ; s'il ne s'empaille pas de la même façon, ce n'est certes pas faute de l'essayer ; pendant ce temps, l'un de ses boys lui frictionne la culotte avec un pavé en pierre ponce, — étrille de ces pachydermes.

Tout en regagnant la rive opposée du Gange, nous assistons au *tub* en plein fleuve d'un deuxième lot d'éléphants, ou mieux, à une comique séance d'hydrothérapie mutuelle, appliquée à grand renfort de trompes.

Près du temple déjà vu de Dourga règne, cette fois-ci, une animation anormale : des estafettes affairées sillonnent la route en tous sens, d'autres cavaliers entourent un étendard bleu de ciel, lamé d'argent; plus loin, quatre éléphants obstruent le passage de leurs croupes ridées à salsifis poilu : — c'est évidemment une promenade princière.

En effet, nous sommes au beau milieu de l'escorte du Maha-Rajah, venu en pèlerinage prier Dourga et ses protégés quadrumanes, pour le repos de l'âme de son frère décédé la veille, ainsi que je l'ai dit plus haut.

Allons, messieurs les singes, un bon mouvement, s'il vous plaît!

Devant notre équipage, la cohue armée s'écarte; les éléphants, revêtus de brillants oripeaux, s'alignent sur la place, pour nous laisser passer, leurs mahouts s'inclinent et le quatuor de trompes s'élève à l'unisson, pour rendre les honneurs dus à nos visages pâles, ce à quoi nous répondons gravement.

A cinq heures, nous sommes de retour à Benârès.

Décidément, Naples ne peut pas lutter avec la présente cité, au point de vue de la multiplicité des monuments religieux : ici, leur nombre se chiffre par 3.000, et j'en compte 21 dans la même rue.

A Benârès, d'ailleurs, sauf les femmes, tout est sacré : les vaches, les lapins, les singes, les serpents, les pigeons eux-mêmes, et au sommet de presque toutes les pagodes, comme au-dessus de beaucoup de maisons, se dressent de hauts perchoirs pour ces volatiles, que d'aucuns trouvent bons aux petits pois.

M. Cotteau, dont j'ai toujours l'excellent livre en main, nous signalant le temple d'or de Çiva dédié au *lingam* *, comme très curieux, nous nous y faisons conduire.

Les *lingams* reposent dans une pagode, surmontée de trois dômes élégants. Les mitres des deux plus élevés sont recouvertes de plaques d'or, merveilleusement repoussées et ciselées ; la

* Dans presque tous les temples et pagodes de l'Inde, outre le dieu ou l'incarnation divine, y adoré spécialement, on vénère, en plus, le lingam (emblème de l'énergie créatrice).

cour intérieure sert, en outre, de *box* aux génisses sacrées.

Au moment où nous pénétrons dans cette révérendissime vacherie, une foule, secouée d'un pieux délire, se presse autour des *lingams* pour y déposer des pétales de fleurs et les oindre de beurre fondu; mais les plus dévots se ruent spécialement sur les mammifères encornés, presque tous atteints de maladies de peau, et recueillent, avec une avidité révoltante, les excréments que ces bêtes échauffées veulent bien laisser choir immodérément.

Comme nous haussons les épaules de dégoût à ce spectacle, à mon côté même, une jeune Hindoue, exceptionnellement jolie, pousse l'hystérie religieuse jusqu'à boire gloutonnement un liquide innommable à la plus naturelle des sources.

C'en est trop : nous bousculons cette cohue de fanatiques dégoûtants et nous regagnons, malgré les tiraillements des brahmes implorant leur *bakchiz*, les rues tortueuses et puantes de cette cité, où les dernières limites de la bêtise humaine semblent avoir été atteintes, au titre de la *religiosité*.

Je n'ai rien dit encore des *hekkas :* ces petits véhicules méritent cependant une mention spéciale.

Ils consistent en deux brancards arc-boutés, vers la sellette du porteur, et fixés, d'autre part, aux deux extrémités de l'essieu, formant ainsi une voûte convexe et triangulaire au-dessus des roues; une sorte de bât, souvent surmonté d'un dais aux vives couleurs, recouvre leur écartement. Trois indigènes trouvent facilement à se caser sur ces voitures à poupées, très remuantes, très penchées en arrière et que traîne, tant bien que mal, un petit bidet du pays.

28 mars.

La baignade sacrée et la crémation des morts sont les deux spectacles les plus attrayants de Benârès; aussi les avions-nous réservés comme dessert.

Donc, dès le lever du soleil, une barque, commandée la veille, vient nous prendre à l'une des nombreuses déchirures de la berge du Gange.

Confortablement installés sur des sièges en rotin et protégés, contre les ardeurs du soleil, par nos casques et par nos ombrelles, nous nous laissons aller au courant. Celui-ci nous amène bientôt vis-à-vis des ghauts *grouillants* déjà de peuple.

On ne peut rien imaginer de comparable au remous étincelant produit par les traînées interminables d'hommes, de femmes et d'enfants, qui s'écoulent des mille portes de la ville et se répandent sur les gradins conduisant au fleuve.

Dire les innombrables combinaisons de couleurs étalées sur les ghauts, est impossible!

Tout le spectre solaire est là, en fusion sous nos yeux, ruisselant, se décomposant, se multipliant, comme un vivant kaléidoscope, dont les seules ombres sont les torses de bronze et les chevelures d'ébène à reflets bleus; mais ce qui nous frappe surtout, au milieu de cette aveuglante accumulation de coloris, c'est la gracieuse souplesse des femmes et la dignité de leur démarche, quand elles descendent ou qu'elles gravissent les marches roses, en soutenant de leurs beaux bras, cerclés d'or et d'argent, leurs amphores ensoleillées.

Dussé-je être accusé d'exagération, j'ajouterai que Phébus enlumine tellement cette stupéfiante féerie de son incandescente livrée, que même les brahmes ventrus, distribuant aux fidèles les fleurs purifiées, ou balafrant les fronts et les poitrines des signes symboliques, nous paraissent majestueux, et que les grotesques idoles, vautrées bêtement dans leurs *pagnes* de pierre, nous semblent animées.

Enfin, si le lecteur me trouve encore trop enthousiaste, il m'excusera, en songeant que cet étrange tableau a pour cadre : en haut, la muraille des palais, *cloisonnée* de figuiers séculaires, et les cimiers d'or des pagodes ; en bas, le fleuve bleu pervenche reflétant à l'infini ce resplendissant et unique amphithéâtre, et comme *point de fuite*, vers l'Orient poudré d'or, le palais du Maha-Rajah, ce roi déchu qui a le paon pour emblême — et un médecin anglais pour gardien.

La baignade du Gange étant, tout à la fois, un acte religieux et une lessive personnelle, chaque Hindou, en arrivant au fleuve, fait longuement ses ablutions, prie avec ferveur, lave ses vêtements, remplit d'eau sacrée son vase de cuivre poli et remonte les hautes marches, sans qu'aucune plaisanterie et sans qu'aucune dispute ne viennent troubler la cérémonie lustrale.

Chacun s'acquitte égoïstement de son devoir, sans s'occuper de son voisin ; à peine quelques-uns, des moins dévots évidemment, semblent-ils s'apercevoir de notre présence. Néanmoins, les femmes qui nous laissent voir le plus de... découvert, sont toujours les mieux faites ou les plus vieilles :

Coquetterie et indifférence !

A l'extrémité est des ghauts, deux kiosques ruinés encadrent l'emplacement consacré aux ablutions des veuves. Ces ex-inconsolables, qu'on flambait autrefois, au temps des regrets éternels, se contentent aujourd'hui de s'éteindre... préventivement.

En voilà qui ne doivent pas regretter le *vieux jeu !*

Abandonnant la pieuse lubrification, nous atterrissons en face d'un enfoncement de la berge, d'où s'élève une mince colonne de fumée.

C'est là, qu'entre deux plates-formes écroulées, on brûle les morts.

A nos pieds même, des Hindous recouvrent de bûchettes jaunâtres un cadavre étendu sur un bûcher élevé, à peine de quelques centimètres, au-dessus du sable fangeux et noir ; la tête et les pieds dépassent seuls la couchette, restreinte, outre mesure, par la parcimonie bien connue des artistes flambeurs ; plus loin, fument des restes informes, au milieu desquels je distingue un crâne et une main non encore consumés, toujours faute de combustible suffisant. Un nouvel holocauste arrive bientôt, au trot de ses six *croque-morts ;* nous lui cédons la place, mais, quoi qu'on en ait dit, si l'odeur de cette cuisine mortuaire n'ouvre pas démesurément l'appétit, elle n'a rien d'insupportable.

Pour achever notre matinée, nous visitons plusieurs temples dédiés pour la plupart à Çiva, qui nous paraît avoir enfoncé ici son collègue Vishnou, puis nous retraversons le quartier des bayadères, dont les troublants regards méritaient mieux qu'une rapide inspection.

Après le tea fine, tandis qu'étendus sur nos grands fauteuils, nous tâchons d'aspirer l'haleine factice des punkas *, un cercle de prestidigitateurs, de jongleurs et de charmeurs de serpents se forme autour de nous.

Ces artistes sont, en général, d'une adresse inouïe; cependant, le tour du *manguier*, consistant à faire sortir, en quelques minutes, un arbuste d'un noyau de *mangue*, ne mérite pas la réputation exagérée qu'on lui a faite.

La représentation se poursuit par un combat sanglant entre une *mangouste* et un serpent; mais l'heure du départ a sonné, et, à cinq heures, nous dévorons l'espace qui nous sépare de *Lucknow*.

* Ce qui rend, aux Indes, la chaleur intolérable, c'est moins l'élévation exagérée de la température que l'humidité et la raréfaction de l'air.

CHAPITRE VII

Lucknow et l'Aoûdh. — La résidence et la révolte des Cipayes en 1857. — L'immambâra. — L'Usainabad-immambâra. — Les bijoutiers de la ville noire. — La Martinière. — Un mot sur les Sowars, sur les chevaux et sur les cantonnements. — Départ pour Agrâ.

29 mars.

NOUS arrivons, à l'aube, dans la capitale du royaume d'Aoûdh *.

De même qu'à Benârès, les cantonnements et les habitations européens sont à une respectueuse distance de la ville indigène.

Il en est ainsi, d'ailleurs, dans toute l'Inde.

* Lucknow, qu'on prononce *Lacknâo* (300.000 habitants).

Le but de ce mode d'installation est d'empêcher, en temps ordinaire, les troupes d'être trop en contact avec les indigènes, de se préserver le plus possible de la contagion, en cas d'épidémies, enfin, de réprimer plus facilement les révoltes, quand elles viennent à se produire. Je n'ai pas besoin d'ajouter que les cantonnements sont installés à proximité des voies ferrées, et que les plus importants ont une gare spéciale.

La ville blanche est parfaitement tenue, les routes sont de longues et belles allées, bordées de superbes tulipiers ou d'arbres à feuillage rouge, et chaque maison, ou plutôt chaque cottage, est entouré d'épais massifs de fleurs.

Comme nous passons devant le palais du gouverneur, émergeant du centre d'un parc touffu, la calèche de ce personnage y rentre comme un éclair, précédée et suivie d'une escorte de cavaliers du 2e régiment *du Bengale*. Ce qui me frappe tout d'abord chez ces sowars, c'est leur souplesse et leur belle position à cheval; *leur cuisse est presque trop descendue :* — voilà un beau défaut!

Notre gharry nous dépose à *Hill's Impérial hôtel*, le plus confortable établissement que nous ayons encore rencontré aux Indes. Nos chambres choisies, nous nous faisons conduire au muséum.

Rien de particulièrement important à signaler

en ce *conservatoire*, semblable à tous ceux de son espèce, sauf le plan en relief de la résidence, à l'époque de la fameuse révolte de 1857.

Nourris de ce sujet, nous nous rendons immédiatement sur les lieux mêmes dont nous venons d'étudier la représentation.

En approchant de ces glorieux vestiges, témoins éloquents du plus sauvage des sièges, on ne peut s'empêcher d'éprouver une réelle émotion, et l'on comprend que l'Angleterre soit fière de cette poignée de héros qui ont tenu tête, pendant cinq mois, à toute une armée d'esclaves ivres de vengeance.

Il est, d'ailleurs, juste de reconnaître que les Anglais sont toujours à hauteur des circonstances, quand l'honneur ou l'intérêt de la patrie l'exige. Ce sont de parfaits égoïstes, mais ce sont, en même temps, des stoïciens raffinés, — et tout fils d'Albion semble avoir constamment en pensée la sublime affirmation de *Nelson* mourant : « *L'Angleterre compte que chacun fera son devoir.* »

Cet hommage rendu, en passant, à un peuple qui ne nous chérit pas, je reviens à la résidence.

De toutes parts, on ne voit que pans de muraille crevés de boulets ou rongés par la mitraille, et retranchements effondrés.

Au pied d'un mur informe, on nous montre l'endroit où sir *Lawrence*, qui *essaya de faire son devoir*, ainsi qu'il l'a dicté lui-même, est tombé mourant; plus loin, c'est la cave, percée de deux boulets, où les femmes et les enfants s'étaient réfugiés ; plus loin, le monument commémoratif; plus loin enfin, le cimetière.

Des massifs, couverts de fleurs, encadrent ces ruines pieusement respectées, et les plantes de la passion les recouvrent, en maint endroit, comme d'un suaire lilas. Cependant, ce parc des *souvenances* est si peu fréquenté, qu'en fait de promeneurs, nous nous trouvons en tête-à-tête, près d'un effondrement de murs, avec un chacal, — arrière-petit-fils, peut-être, des *fossoyeurs* de 1857!

De retour à l'hôtel, nous remarquons que plusieurs boys ont la barbe et les cheveux teints en rouge. C'est la mode en Aoûdh, comme en France, à ce qu'il paraît, mais ici, ce genre d'embellissement est surtout en honneur chez les vieillards.

L'*Immambâra*, que nous visitons, en guise de sieste, est un palais colossal, ou plutôt, une agglomération de portiques, de cours et de salles, décorés avec beaucoup de goût. La salle principale est monumentale, elle mesure soixante mètres de longueur sur dix-huit de largeur ; de plus, à chaque extrémité est un salon octogonal formant *chœur*.

Malheureusement, tout cela est abandonné, les ornementations élégantes des chapiteaux et des pendentifs s'effritent et tombent.

Une élégante mosquée, en pierre, en marbre et en mosaïque, complète cet étonnant palais, où repose le nabab *Asaf-Uddoulah*.

Si nous avons trouvé l'Immambâra à hauteur de sa réputation, nous n'en dirons pas autant de l'*Usainabad-Immambâra*.

C'est une caricature architecturale, renfermant, dans une parodie de mosquée, tout un magasin de bric-à-brac sans valeur artistique ; néanmoins, les jardins intérieurs sont si bizarrement décorés de statues et d'enjolivements de mauvais goût, qu'ils forcent l'attention malgré tout.

Ce devait être un personnage bien ridicule, ou, du moins, bien original, que le nommé *Usainabad*.

Nous pénétrons ensuite dans la ville noire, par un portique étrangement découpé, et non moins étrangement peint.

Les rues, bien tenues, sont moins étroites que celles de Benârès, mais l'encombrement est le même; quant aux boutiques, élevées de cinquante centimètres à peine au-dessus du sol, elles sont proprettes et engageantes; aussi entrons-nous immédiatement en affaires.

Les bijoutiers de Lucknow ont la spécialité des objets d'argent et de cuivre ciselés. Leur mode de paiement est assez primitif.

A-t-on fait choix d'un objet ou d'un bijou quelconque, en argent massif, par exemple; le marchand le place dans l'un des plateaux de sa balance, puis fait verser dans l'autre, par l'acquéreur, le nombre de roupies nécessaires pour établir l'équilibre.

Nos achats terminés, nous filons dare-dare, malgré l'incandescence de la température, à la *Martinière*, ainsi nommée du général *Martin* qui, parti simple soldat sous *Lally*, devint *major général anglais*. Cet aventurier *lyonnais*, après fortune faite, fit construire ce palais incohérent où il repose dans un sarcophage de marbre blanc.

Il est difficile de donner une appréciation exacte de la valeur artistique de ce monument.

Comme architecture, c'est bouffe : tous les styles y sont accouplés pêle-mêle; on y trouve du persan, du chinois, du Louis XIV, du moresque, de l'hindou, du Louis XV, de l'Henri II, du rococo; les détails sont abominablement surchargés de sculptures et de découpures, et cependant l'ensemble est monumental à l'excès. En face de l'entrée principale est un grand étang, singeant la pièce d'eau des *Suisses;* au milieu, s'élève une colonne triomphale, enfin de beaux jardins entourent cette résidence, affectée présentement à l'éducation des enfants de troupe.

Nous visitons ensuite les ruines de *Secunder-Bagh*, auprès duquel furent massacrés deux régiments de cipayes révoltés; le parc avoisinant cet endroit historique est remarquable, quant au *Secunder-Bagh* lui-même, il n'en reste qu'un portique insignifiant.

A notre retour à l'hôtel, deux officiers anglais viennent nous chercher pour nous mener *luncher*.

Nous passons, très inaperçus, au milieu d'un grand nombre de dames anglaises en toilettes claires, picorant un copieux goûter dressé en plein air, pendant que des joueurs de *lawn-tennis* et de *Polo* * luttent d'adresse et de vigueur, et qu'une musique de Cipayes fait entendre ses moins mauvais morceaux, à la tiède joie des babies et des *ayas* languissantes. — Pas très folâtre cette *beuverie !*...

Le club, où nous dînons en compagnie d'aimables gentlemen, était autrefois, avant la révolte

* Le jeu de Polo est d'origine hindoue.

de 1857, la demeure de ce roi d'*Aoûdh*, dont le fils est en exil à Calcutta.

C'est un splendide établissement, et le *comfort* anglais, uni à la magnificence hindoue, en font un tout qui ne laisse rien à désirer; car les vins sont à la hauteur du service, — et le service est à la hauteur de tout le reste.

30 mars.

Dès six heures, nous allons aux cantonnements retrouver un de nos amis de la veille, qui veut bien nous piloter sur une sorte de *camp de Châlons* poussiéreux servant de champ de manœuvres.

Entre autres exercices, le deuxième régiment *de cavalerie du Bengale* fait devant nous, au galop de charge, celui du *tent pegging**; puis un autre consistant à couper, avec le sabre et à la même allure, des pommes de terre plantées presque au ras du sol.

Les sowars sont de très beaux et très souples cavaliers, (ce sont là, assure-t-on, les principales qualité du plus grand nombre) ; en atten-

* Exercice qui consiste à enlever avec la lance un piquet de tente, long d'un pied et fortement enfoncé en terre.

dant, ils m'ont l'air d'aimer davantage la *fantasia* que les mouvements d'ensemble, et que les sauts d'obstacles : *kif kif* nos Arabes.

Je ne ferai pas le même reproche aux officiers anglais dont la réputation de hardis chevaucheurs est universelle. Il serait, en effet, difficile de passer plus correctement les obstacles d'un *steeple* que ne le fait devant nous le très complaisant capitaine R***, sur son bel australien alezan.

La tenue semi-orientale des sowars (turban, tunique-blouse, culotte safran et bottes) est simple et pratique. Les officiers européens portent tous une sorte de tunique-dolman, en toile grise ou blanche, avec la botte jaune et le casque.

Puisque je suis amené, malgré moi, à parler métier*, je dirai, en passant, qu'aux Indes, les meilleurs chevaux au point de vue du service militaire, sont les chevaux *arabes*, *barbes*, *du Cap et d'Australie*. Les chevaux du pays, vulgo *hindoustanis* (race mongole), ne valent pas grand chose, et, quoique le gouvernement fasse de grandes dépenses chaque année, et encourage, d'une manière persistante, l'amélioration des

* Ayant fait, à part, une étude de la cavalerie anglaise et indienne aux Indes, je m'abstiens de traiter ici ces questions, trop sérieuses pour le ton de ce journal de voyage.

races, à l'aide d'étalons étrangers, — il n'a pas eu à se louer, jusqu'à présent, des résultats obtenus.

Beaucoup d'officiers sont montés en chevaux de pur sang anglais. Ces derniers ne paraissent pas trop bouder le pois chiche (*gram des Pélasges et des Perses*), remplaçant ici l'avoine saxonne.

En revenant au *mess*, nous traversons les cantonnements indigènes, puis ceux des anglais, admirablement tenus.

Sans entrer dans aucun détail, je constate que les lanciers du 17e régiment (*Duke of Cambridge's*), sont de magnifiques hommes; — *ils sont même trop beaux et trop forts*, en général, pour leurs montures : ce sera ma seule critique. *Les écuries-hangars* sont parfaitement comprises, et les chambres irréprochables ; rien n'y manque, pas même les punkas.

Nous donnons, en passant, un coup d'œil aux pièces d'artillerie* soigneusement alignées et *remisées*, puis au *camp followers* **, puis enfin, au menu du déjeuner.

* L'artillerie est exclusivement attelée d'australiens, et ses servants sont tous Européens.

** Serviteurs d'armée.

Certainement, les officiers européens ont beaucoup à souffrir aux Indes, mais l'installation luxueuse de leurs mess et de leurs cottages est une compensation suffisante, pour qu'on ne les plaigne pas trop.

Nous ne faisons pas long feu dans notre visite à un monument de style rastaquouéro-hindou appelé *Shaha Najaf* *. Le *Parha-Baksh* ** et le *Chats-Manzil* ***, de même style bâtard, quoique autrement monumentaux, ne nous plaisent pas non plus.

Tout cela sent son *Martin* d'une lieue : — c'est de l'architecture de cantinière.

Après le déjeuner, re-combats de serpents, re-absorptions de sabres, re-tours d'escamotage, et danses d'ours de l'Himalaya. Un bon point à un ventriloque extraordinaire : il m'a fait pleurer de rire, en imitant tous les animaux de la création, dans les diverses situations de leur existence.

Les fameux monuments *Martinisés* ou martyrisés nous ayant fait totalement perdre la couleur locale, nous retournons à la ville noire.

* Tombeau du premier roi d'Aoûdh.

** (Séjour des délices), palais construit par le général *Martin*.

*** Palais des femmes de *Nasir-Uddin*.

Sur les terrasses de plusieurs maisons, des Hindous de haute caste font leur sieste à l'ombre de grands parasols, tandis que de petits esclaves, accroupis à leurs pieds, leur donnent du punka; un jeune seigneur, le sabre au côté, suivi d'une escorte, très maigre, il est vrai, passe près de nous : voilà la couleur du cru qui reparaît enfin! Plus loin, une procession d'hommes, de femmes et d'enfants défile bruyamment, en agitant de petits drapeaux dorés, pour demander la cessation de la *variole*, présentement en pleine *floraison*. Sur cent indigènes, en effet, trente au moins sont défigurés : ça, c'est presque un peu trop de couleur locale.

Les Indiens de l'Aoûdh ne sont pas beaux, en revanche leurs turbans sont énormes et leurs femmes ont adopté, en bonnes musulmanes, le pantalon dont Mahomet avait affublé ses épouses.

— Les sectateurs d'un prophète, qui a mis la lune dans sa poche, doivent évidemment chérir les culottes larges : on ne sait jamais ce qui peut arriver!

A neuf heures du soir, nous filons sur Agrâ.

CHAPITRE VIII

En route vers Agrâ. — Abondance du gibier. — Arrivée à Agrâ. — Le mausolée du grand Mogol Akbar, à Secundrâ. — Le Tâj, la merveille des merveilles. — L'Etmaddoulah. — Futteypore-Sikri. — Le tombeau du cheik Sélim-Chisti. — Un guide gâteux. — Le palais d'Akbar, époux éclectique, justicier célèbre et grand joueur d'échecs. — Le fort et ses splendeurs. — La ville indigène. — Adieux nocturnes au Tâj.

31 mars.

La nuit que nous venons d'endurer, entrecoupée d'un long arrêt à *Cawnpoore*, est certainement une des plus pénibles de notre voyage. Au matin, nous traversons d'immenses plaines insignifiantes, quoique très cultivées. La voie ferrée est bordée à gauche de *yuccas*, et à droite de plumets de colonel * ; ces derniers s'inclinent sur notre passage : — est-ce un présage ?...

Beaucoup de gibier dans les champs ; des antilopes à cornes en vrille, de grandes grues gris ardoise à tête rouge, des cigognes au bec épais, avec l'extrémité des ailes noire et rose, des paons, des hérons, des myriades de perruches, de tourterelles et de merles à longue queue, etc., sans compter toutes les variétés d'oiseaux de proie, depuis le petit milan jusqu'au vautour.

Aprés avoir changé une dernière fois de train, à *Tundla-Junction*, et avalé un pot de gingembre à la place d'un pot de marmelade, tellement on me presse, nous apercevons enfin, tout au loin, vers notre gauche, à travers la lourde atmosphère de feu, le dôme et les minarets du fameux *Tâj*, dont la blancheur est telle qu'on le croirait fait d'ivoire. En nous rendant à l'hôtel, nous passons devant le *Fort*, puissante construction du XVIIe siècle, avec fossés, tours, meurtrières et créneaux hindo-moresques. Cette citadelle de grès rouge et de marbre noir, dentelée de dômes blancs et de pinacles d'or, est le plus étonnant modèle de somptuosité militaire connu.

Nos ablutions faites à l'hôtel *Lauris and Staten*,

* Gynerium argentea.

nous partons, malgré la température, pour visiter le tombeau de l'empereur *Akbar* *, situé dans le village de *Sécundrâ*. Nos petits chevaux nous y mènent en moins de trente minutes.

Quatre portes monumentales, en mosaïques de marbre, flanquées de minarets et couronnées de clochetons élégants, forment pavillon au milieu de chacun des côtés du carré de murailles **, entourant ce mausolée célèbre.

De chacune de ces portes, part une large avenue en dalles de grès rouge, aboutissant à la plate-forme, base du monument.

Tout le long de ces allées, élevées de deux mètres au-dessus des jardins, nous remarquons des pierres en surplomb, percées d'un trou central, qui servaient jadis à maintenir les mâts *porte-velarium*.

Le monument lui-même consiste en une imposante pyramide rectangulaire, formée d'une superposition de trois terrasses en retrait, ornées d'arcades et de coupoles en grès rose; plusieurs de ces coupoles sont revêtues de mosaïques de faïence et de porcelaine d'un très bel effet. Au-dessus de la terrasse supérieure est une cour

* Empereur mogol (1558-1605).

** Le pourtour du carré mesure 5 kilomètres.

aérienne entourée d'une balustrade en guipure de marbre blanc; enfin, quatre kiosques, d'un dessin charmant, couronnent cette somptueuse masse de grès.

Le centre de la cour aérienne, dallée des marbres les plus précieux, est marqué par le sarcophage figuré d'Akbar.

Pendant que nous admirons le fini merveilleux des sculptures de cet étrange monument, deux trombes de sable s'élèvent, de la plaine brûlante, à 100 mètres de hauteur environ, hésitent, se balancent, tourbillonnent, puis disparaissent à l'horizon, en tordant tout sur leur passage.

Le corps d'Akbar repose, en une chambre souterraine de stuc blanc, dans un cercueil de marbre de *Jeypore*.

La salle, sur laquelle donne le souterrain, est une merveille de sculptures et surtout de peintures ornementales. Malheureusement, la majeure partie de ces délicieuses arabesques est détériorée, et les réparations ordonnées par le gouvernement ont dû être interrompues par suite de la question budgétaire.

Le parc, quoique mal entretenu, renferme une grande variété de beaux arbres et d'arbustes rares, paradis des perruches, des guêpes et des papillons.

En revenant à l'hôtel, nous y trouvons M. F***, chargé d'importantes fonctions à Agrâ, à qui nous étions recommandés. Cet aimable gentleman veut absolument nous servir de cicerone dans notre visite au Tâj, la merveille des merveilles d'après tous les voyageurs et d'après lui.

Au Tâj * donc!

Nous descendons de voiture au pied d'un immense portique, de grès rouge et de marbre, d'une conception superbe; douze clochetons blancs, *crestés* d'or, surmontent cette grandiose porte d'entrée, entièrement incrustée de riches arabesques, mais, à peine avons-nous pénétré sous l'élégante voûte, que la plus magique des apparitions vient nous saisir à la gorge, car le *vox faucibus hæsit* de Virgile trouve ici son application exacte.

Au milieu d'un puissant bosquet d'arbres séculaires, serti d'un quadrilatère de murailles à colonnettes, s'élève, majestueux, un palais de marbre blanc, dont la perfection idéale nous confond, au point de nous rendre muets d'admiration.

Qu'on se représente, dominant le cours de la

* (Diadème), mausolée du mogol Shah-Jehan et de la bégûm Mumtâz-Mahal.

*Jumna** d'environ dix mètres, une immense terrasse de grès rouge, ornée à l'est et à l'ouest de deux élégantes mosquées roses à coupoles blanches, et sur cette première terrasse, une deuxième, entièrement en marbre blanc.

C'est sur ce socle gigantesque que l'architecte du *Mogol Shah-Jehan*** a édifié, avec le même calcaire immaculé, un octogone irrégulier soutenant un dôme et quatre clochetons, flanqués de quatre minarets.

— Voilà le Tâj.

Mais ce qui est impossible à décrire, c'est la suprême distinction des formes, la justesse incomparable des colossales proportions ***, la pureté des lignes, le fini des incrustations et des ciselures (car le mot sculpture est ici impropre), la richesse des matériaux, et l'harmonieuse perfection de l'ensemble, qui font du Tâj le chef-d'œuvre des monuments du monde.

Tout est pur dans ce monument élevé à une favorite adorée par un royal amant, tout est idéal.

Si on pénètre dans l'intérieur, également tout

* Affluent de droite du Gange.

** Empereur Mogol (1628-1658).

*** Le croissant d'or de la coupole est à 85 mètres du sol.

entier en marbre de *Jeypore;* sous la blanche coupole reposent, côte à côte, deux blancs sarcophages au centre d'une balustrade octogonale de trois mètres de hauteur, et c'est tout.

Mais sur ces sarcophages, mille pierres fines dessinent les arabesques et les fleurs les plus gracieuses, mais les ciselures de la balustrade à jour semblent être du *point de Venise* cristallisé, mais chacun des cinq morceaux de cette merveilleuse dentelle est formé d'une seule dalle de marbre, et, pour parfaire encore cette œuvre sans pareille, sous sa coupole lactée flotte le plus doux des échos.

En effet, pendant que des murmures d'admiration s'échappent de nos lèvres, la *sylphide* à voix d'or de ce *poème de marbre* s'empare de nos paroles, les transforme, les harmonise et en fait un accord, d'une tonalité inconnue, qui s'élève en modulations de plus en plus doucement atténuées, puis se perd dans l'infini.

Comme suprême raffinement d'opposition, un parc touffu, abritant sous ses voûtes embaumées toutes les variétés de roses, fait un écrin d'émeraude à ce bijou d'albâtre; partout enfin, dans le ciel azuré, sur les dentelures de marbre et dans les branches en fleurs, les perruches à collier rose, les merles, les rossignols et les becs de corail, agitent leurs ailes diaprées, et, —

dignes chantres de cette maîtrise d'amour, — redisent sans cesse en l'honneur de la belle *Mumtâz-Mahal* leurs plus suaves chansons.....

. . . .

En revenant à l'hôtel, je suis obligé de me coucher : ma visite au Tâj m'a sans doute trop impressionné. Non, je préfère être franc : — à moi l'*élixir parégorique !*

1er avril.

Après une nuit et une matinée péniblement passées, je me lève vers trois heures pour achever de secouer mon mal : je ne ne suis pas bien solide, mais mon cher compagnon de voyage l'est pour moi.

Nous visitons la *Jumma-Musjid*, construite en dalles de grès, avec incrustation de marbre. Trois immenses portails, couronnés de dômes et de clochetons, ornent sa façade monumentale, malheureusement un peu détériorée.

Nous traversons ensuite la *Jumna*, sur un pont de bateaux, pour aller visiter l'*Etmaddoulah*, mausolée élevé, par le Mogol *Jehan-Ghir*, à la mémoire de sa belle-mère... J'ai mal entendu : à la mémoire de son beau-père.

— Tant pis : c'eût été unique !

L'*Etmaddoulah* est une sorte de merveilleux coffret en marbre blanc, orné de quatre tours à clochetons et d'un pavillon central coiffé d'un dôme persan.

Les incrustations en pierres fines et les sculptures à jour des murailles en font un tout indescriptible.

Sa face principale donne sur un parc où de petits Hindous tout nus, armés d'arcs-frondes, guerroient contre les perroquets et les perruches, qui ne laisseraient aucun fruit sur les arbres, sans ces épouvantails vivants et vibrants.

En rentrant à l'hôtel, nous donnons des ordres pour que trois relais aillent nous attendre demain sur la route de *Futteypore-Sikri*.

2 avril.

Dès six heures du matin, nous montons donc en voiture, et, fouette cocher. Sans aller bien, je vais mieux.

Les routes de l'Inde sont ravissantes parce que, grâce à la densité de la population*, ce

* L'Inde, dont la superficie n'est que 7 fois plus grande que celle de la France (sans tenir compte de ses annexes insulaires : Ceylan, Laquedives et Maldives), est peuplée de plus de 250.000.000 d'habitants, soit un sixième de la population totale du globe.

sont de véritables boulevards, où l'on rencontre, à chaque pas, un nouveau sujet de curiosité ou d'étude.

Nous côtoyons, tantôt d'interminables caravanes de chameaux, diversement chargés, tantôt nous croisons des voyageurs en équipages variés, entre autres, un brave mahométan transportant, en deux voitures à bœufs, ses nombreuses épouses, qui risquent vers nous un œil, deux yeux, et même davantage... le prophète est si loin, et il fait si chaud !

Je ne tarirais pas, si je voulais narrer tout ce que je vois.

Le costume des femmes se compose d'une sorte de jupon, plus ou moins court, et d'un étroit mamillaire de couleurs bigarrées, laissant à nu le buste jusqu'aux hanches, comme à Ceylan.

La plupart portent sur la tête un voile carré flottant en arrière, ou retombant sur la poitrine. Ce *cache-peau* transparent leur permet, sans trop choquer les convenances conventionnelles, de donner, suivant le besoin, quelques instants de récréation à leurs bruns prisonniers.

Je m'amuse, pendant un relais, à assassiner un aigle noir, un perroquet et un lièvre blond filasse, mais je renonce bientôt à cette distraction insipide, tellement le gibier est abondant et met de complaisance à se laisser occire.

A neuf heures, nous avons avalé 37 kilomètres, et, je ne sais combien de kilos de poussière, mais nous sommes à *Futteypore*.

Nous trouvons au bungalow un empressement proportionnel à la disette de tout *harnois de gueule :* — C'est la *table rase* de *Locke*. Heureusement, nous avions prévu le cas, et emporté des provisions. Je donne de plus mon lièvre à faire rôtir, bien qu'il me paraisse déjà cuit.

Un musulman, d'une illustre origine, quoique ayant la moelle épinière très endommagée, nous sert de guide ; il a autant la manie des grandeurs que la rage du bakchiz, et force nous est d'admirer, d'abord, les sarcophages innombrables de ses ancêtres, qui ne doivent certainement pas être fiers de la décrépitude morale et physique de leur descendant.

Nous avons beau lui faire savoir que nous nous moquons de sa famille comme d'une *guigne*, ce ramolli s'acharne à nous énumérer chaque nouveau *banc* d'aïeux ; bref, nous l'abandonnons à ses souvenirs.

La mosquée indo-mauresque de Futteypore, plus belle encore que celle d'Agrâ, est bâtie sur une haute plate-forme, bordée de murailles à clochetons, à laquelle donnent accès deux portes principales. Celle du sud, haute de quarante mètres et flanquée de minarets en mosaïques, est certainement la plus remarquable que nous ayons encore vue.

Le tombeau du cheik *Sélim-Chisti* occupe la partie nord de la cour intérieure de la mosquée; ce tombeau, tout en dentelle de marbre blanc, avec toiture porte-coupole évasée en tulipe, soutenue par de merveilleux supports en forme de harpes à main, est un prodige de travail et un chef-d'œuvre d'élégance.

Comme ce monument est un but de pèlerinage très couru, toutes les sculptures du bas des panneaux sont agrémentées de lambeaux d'étoffes et de rubans, que les fidèles croyants viennent y déposer pour obtenir des... *faveurs* sans doute! — Voilà, au moins, de la dévotion imagée!

Nous visitons ensuite un palais tout en grès rouge ciselé à jour. C'est dans cette demeure féerique du grand-vizir *Bir-Bâl*, que les jeunes époux d'Agrâ viennent passer leur nuit de noces. — Ils auront beau faire plus tard, jamais ils ne donneront autant de coups de canif dans leurs contrats, qu'il existe de coups de burin dans les murailles : — j'en réponds !

Cependant notre guide nous fait des signes

suppliants ; nous le rejoignons sans méfiance : ce sont encore de nouveaux fossiles de famille : — précisément ce que nous redoutions !

Cette fois, nous lui disons des sottises *gesticulées*, puis nous nous dirigeons vers le palais d'*Akbar*.

Le fleuron principal de ce palais, en grès rouge et en stuc, se compose de cinq plates-formes superposées en retrait vers un seul côté, formant comme un trône pyramidal. Il a nom : *Panch-Mahal*.

Raconter que ces plates-formes sont dentelées, clochetonnées et finement ouvragées, serait de la superfétation.

Akbar, qui fut un grand empereur et un juge équitable, avait en outre la manche très large, au point de vue religieux.

C'était un libéral ou, tout au moins, un *éclectique*.

Aussi avait-il quatre favorites principales, à ce que notre illustrissime guide nous raconte. La première était musulmane, la deuxième hindoue, la troisième chrétienne ; j'ai oublié le nom du culte que professait la quatrième, mais comme il avait un fort *béguin* pour la chrétienne, le palais de cette favorite est le plus riche et le plus soigné.

Ce qui n'est pas découpé à jour est peint, et les peintures ont trait aux mystères de notre religion.

J'ai dit qu'Akbar avait la monomanie de rendre la justice; seulement, il siégeait, non sous un arbre, comme saint Louis, mais sur un pilier tronqué.

Ce pilier est certainement une des choses les plus curieuses de Futteypore; il est planté centralement à la salle du Conseil, et il communique, par quatre petits ponts aériens, avec les angles de la voûte, ornés chacun d'un balcon en forme de corbeille. Ajouterai-je que le chapiteau-chaire du pilier est ultra savamment sculpté, ainsi que tout le reste?

Quand Akbar justiciait, il occupait le *poste* central, et ses ministres les *échauguettes :* le gibier peuple était en bas; il pouvait ainsi aboyer, mais pas mordre.

Je connaissais la magistrature debout, celle assise, — celle couchée même, j'ignorais la magistrature perchée!

— Cette dernière est incontestablement... supérieure, au point de vue surtout de la sécurité des juges.

Non loin de ce palais est une cour pavée en échiquier et commandée d'un côté par un socle de marbre.

Le Grand Mogol, à peine descendu de son pilier, remontait sur ce piédestal, non pour rendre de nouvelles sentences, mais pour faire manœuvrer à sa guise les personnes de sa cour sur cet échiquier nature.

Quel constructeur ! Quel juge ! Quel époux ! Quel joueur d'échecs, que cet Akbar !

Notre grand seigneur et guide nous ramène ensuite au pied de la porte monumentale de la mosquée, où une bande de jeunes Hindous, en costume léger, se démènent en hurlant.

A notre approche, l'un de ces énergumènes monte avec rapidité au sommet de la porte et se précipite, en maintenant sa position verticale par une grande agitation des bras, dans un trou profond et vaseux d'où il ressort vert comme un perroquet ; toute la troupe exécute le même mouvement ; puis assurés, sans doute, grâce à nos mines non équivoques, d'un *bakchiz argentiforme*, ces plongeurs effrayants se jettent de nouveau dans le même gouffre, du haut des remparts de la mosquée.

Nous leur distribuons une poignée *d'annas*, en échange de la chair de poule qu'ils nous ont donnée, et nous rentrons enfin au bungalow prendre une pâture bien gagnée.

Je n'insiste pas sur notre déjeuner, j'affirmerai seulement que mon lièvre n'était pas saignant.

A quatre heures, nous sommes à Agrâ* et, à quatre heures et demie, au *Fort*.

Le Fort est une agglomération imposante de palais, de salles, de cours, de jardins et de mosquées, entourée d'une ceinture de remparts superbes, mesurant deux kilomètres de pourtour.

Deux portes, puissamment fortifiées, donnent accès à l'intérieur ; celle de *Delhi* est flanquée de tours monumentales, qui gardent la large voie dallée conduisant, en serpentant, au préau et à la cour intérieure.

L'immense salle, où Akbar rendait encore la justice (pour changer), repose sur des piliers élégants réunis par des arcades moresques ; au centre est une alcôve à baldaquin, tout en marbre blanc incrusté de pierres fines.

La salle des audiences particulières, entièrement en marbre, est semblable à la précédente, mais de dimensions moindres.

Les bains des femmes et le harem ont été décrits dans les *Mille et une nuits ;* je me contenterai de dire que les murs et les voûtes sont un semis de fantastiques arabesques en stuc et en marbre, incrustées de petits miroirs bombés.

* Agrâ (150.000 habitants), capitale de l'empire Mogol sous *Akbar* et *Shah-Jehan.*

Mille lampes, dont les niches sont encore intactes, faisaient étinceler toutes ces merveilles, au temps où les sultanes venaient baigner, dans les bassins de jade, leurs corps de bronze.

Si les sultanes ont disparu, l'eau apporte toujours, par mille canaux, dans ces piscines impériales, une délicieuse fraîcheur, — et les rosiers des jardins n'en sont pas moins couverts de roses.

Signalons encore une ravissante petite mosquée réservée aux femmes seules, les déchirures de marbre des galeries surplombant les profondes arènes de la Jumna, et arrêtons-nous devant la *Moti-Musjid*.

Ses trois dômes de marbre blanc, surmontés de flèches dorées, reposent sur de gracieux piliers, entre les arceaux desquels on n'aperçoit que le ciel bleu.

Voilà bien la main de l'architecte du Tâj! Le même marbre, les mêmes riches matériaux ont été employés, et le même génie a évidemment présidé à la construction de ce chef-d'œuvre, édifié sous le Mogol *Shah-Jehan*.

Nous terminons notre journée admirative par la visite du palais de *Jehan-Ghir*, fils d'Akbar*,

* Jehan-Ghir signifie *Conquérant du monde*. C'est le surnom du Mogol *Sélim* (1605-1627).

monument du plus pur style hindou. Les piliers de grès rouge, aux sculptures bizarres, sont surtout remarquables.

A coup sûr, Jehan-Ghir n'était pas un *ultramontain* comme Shah-Jehan.

Abandonnant le fort par la porte de *Lahore*, nous allons parcourir la ville indigène. Quel remue-ménage! Quel grouillement! Quel bruissement et quelles étranges odeurs! En voilà de la quintessence de couleur locale!

Les maisons, presque toutes à balcons, à dômes, à baldaquins, à portiques, à loggia et à colonnettes, sont, les unes en stuc, les autres en marbre, quelques autres en bois, mais toutes disparaissent sous les sculptures et les peintures les plus abracadabrantes, et chaque balcon est garni d'une guirlande de femmes, aux yeux alanguis comme des soleils couchants.

Après un excellent dîner sous les manguiers de la villa de notre hôte, nous allons faire, à dix heures, nos adieux au Tâj.

M. F*** avait donné des ordres pour qu'à notre arrivée, des feux de Bengale, savamment disposés, fissent resplendir à nos yeux le merveilleux édifice.

A peine, en effet, avons-nous franchi le seuil de la porte triomphale, que nous assistons à l'apothéose de ce mausolée plus beau, plus majestueux, plus céleste, encore, au milieu du calme de la nuit, que lorsque le soleil darde ses brûlantes caresses sur sa coupole nacrée.

. . . .

Avez-vous souvenance, cher compagnon de voyage, des chauds effluves et des senteurs pénétrantes qu'exhalaient autour de nous les ramures enfiévrées des manguiers en fleurs? L'air était saturé de pollen, — et dans l'ombre on entendait comme des frémissements...

C'étaient les battements d'ailes de l'amour!...

. . . .

Quel endroit était, d'ailleurs, plus propice à ce dont il nous fut donné d'être témoins? Vous en souvient-il, ami?

Je jurerais même qu'au milieu de vos périlleux combats ou dans vos marches forcées, au travers des rizières du *fleuve Rouge* et de la *rivière Claire*, à *Hao-Moc*, à *Lang-Son*, plus d'une fois, le souvenir que je rappelle ici est venu vous visiter, — et que vous l'avez bien accueilli...

— A une heure du matin, en route pour Delhi.

CHAPITRE IX

Delhi *, Rome indienne et capitale de l'Empire mogol. — Le Fort (la salle du trône des paons). — Les jardins de la reine. — La Jumma-Musjid. — Le poil et la sandale de Mahomet. — Le mausolée de Safdar-Jang. — A travers les ruines des 9 Delhis. — Le Koutub Minar. — Le pilier de fer. — Le tombeau d'Humayoum. — Départ pour le Punjab.

3 *avril.*

Si, jusqu'à présent, nous n'avions pas eu à nous plaindre de nos installations passagères, nous éprouvons, à ce sujet, une déception à Delhi, où nous arrivons à neuf heures du matin.

Après une décevante inspection des soi-disant

* La Delhi actuelle porte le nom de *Shahjehanabad*, en l'honneur de Shah-Jehan, son fondateur (155.000 habitants).

hôtels et bungalows, nous optons, faute de mieux, pour le *Travellers Bungalow*, mal tenu par un babou.

Pendant qu'on époussette superficiellement nos chambres abandonnées aux lézards et aux araignées, nous allons visiter *le Fort*.

Je n'entreprendrai pas la description de cette superbe forteresse, sœur jumelle de celle d'Agrâ; je parlerai seulement des constructions intérieures, épargnées par le *Corps royal des ingénieurs anglais* *.

On se cogne, en effet, à chaque pas au travers des merveilles architecturales du somptueux *réduit* de la Rome indienne **, à des casernes,

* Génie militaire.

** Delhi, capitale de l'Inde du Nord-Ouest, jusqu'à l'an 1001, devient, sous les *Ghaznévides*, capitale de l'Inde du Nord, jusqu'en 1186. En 1203, elle est capitale de l'Inde, sous la dynastie afghane *(Mohamed de Ghor)*. Elle redevient capitale de l'Inde du Nord, sous les *rois esclaves* (1266-1290), puis elle est de nouveau capitale des Indes sous les dynasties afghanes : *Khilidji* (1290-1320), *Toglak* (mercenaires) (1320-1397), *Sayid* (1414-1450) et *Lodi* (1450-1526). Elle conserve le même titre sous les empereurs *mogols*, depuis *Baber* (1520) jusqu'à *Aureng-Zeb* (1707). *Akbar* et *Shah-Jehan* sont les seuls Mogols qui abandonnent, momentanément, Delhi pour Agrâ. A partir d'Aureng-Zeb, l'empire Mogol se décompose, et les Anglais l'absorbent, définitivement, en 1818. Le dernier *grand Mogol* meurt prisonnier en 1762, et, en 1877, la *reine Victoria* est proclamée à Delhi, dans la salle du trône des paons, *impératrice des Indes*.

Delhi était connue, 15 siècles avant notre ère, sous le nom de *Indrâpechta*.

des magasins, des cantines et autres établissements d'une nécessité toute militaire, mais qui, en pareil lieu, — font l'effet de *porci ante margaritas*.

En débouchant par la porte de Lahore, le premier monument que nous visitons est la galerie des musiciens.

Cette construction rectangulaire à deux étages, tout en grès rouge, est d'un bel effet, quoique d'un style peu défini. L'orchestre de *Shah-Jehan* occupait, nous dit-on, la terrasse supérieure d'où il charmait de ses sons, relativement harmonieux, les oreilles de la cour mogole. La grande salle d'audience, également en grès, est ornée d'incrustations remarquables ; un trône de marbre blanc, couvert de mosaïques d'une finesse inouïe, se dresse au centre de cette merveilleuse colonnade, que des ouvriers réparent présentement.

Il faut voir avec quelles précautions ils taillent, coupent, scient et polissent les gemmes et les agates fournies par le gouvernement.

Quant à la salle du trône, rien ne peut donner une idée de sa magnificence : c'est ce qu'on peut rêver de plus riche et de plus extraordinairement beau. Tout est or, marbre blanc et pierres fines ; l'ensemble surtout, est d'une souplesse et d'une élégance d'architecture telles, qu'il est sans conteste, pour nous, que l'auteur de cet admirable monument est un *florentin* de la Renaissance, et non un artiste hindou.

Des caissons du plafond, autrefois revêtus de filigranes d'or et d'argent, il ne reste plus que des arabesques peintes sur fond d'or, les diamants du centre des fleurs ont été volés par *Nadir-Shah ;* à maint endroit, une main coupable a brisé un fragment de guipure de marbre ou écorné une admirable volute ; mais ce royal mutilé est tellement superbe encore, que le souvenir du Tâj s'efface momentanément de notre esprit.

Une table de marbre marque l'emplacement du fameux *trône des paons* *.

Les salles de bain du sérail sont encore plus riches que celles d'Agrâ. Sous le burin du ciseleur, le marbre s'est transformé en *point d'Angleterre;* en d'autres endroits même, le marbre n'ayant pas été trouvé assez riche, on l'a remplacé par du *jade.*

Pour m'arracher à ces splendeurs, je traverse,

* Le voyageur français Tavernier, qui devait s'y connaître, puisqu'il était lui-même joaillier, estimait, au XVIIe siècle, ce trône 150.000.000 de francs. Toutes ces richesses furent enlevées en 1739 par le roi de Perse Nadir-Shah. *(Promenade dans l'Inde et à Ceylan,* par E. Cotteau.)

sans détourner la tête, la terrasse des arènes; la *Mosquée-perle*, digne de la salle du trône, puis les jardins royaux, dignes de leur cadre, et je dis adieu au Fort.

Le *jardin de la Reine*, où nous nous rendons dans l'après-midi, est un superbe parc zoologique. Sous ses allées ombreuses errent en toute liberté un grand nombre d'animaux inoffensifs, tandis que les bêtes féroces rugissent désespérément dans leurs cages de fer tapissées de lianes et de fleurs.

La seule curiosité réelle de ce jardin est un éléphant en granit, plus grand que nature, dont l'origine remonte à plusieurs siècles.

Le dessin parfait de ses formes, et les détails de la chaîne et de la tête, attestent un degré de réalisme artistique que nous ne nous attendions pas à trouver dans l'Inde.

Par acquit de conscience, nous *chevauchons* le muséum, puis nous allons visiter la *Jumma-Musjid* *, la plus colossale mosquée de l'Inde.

Elle se dresse majestueuse sur un mouvement de terrain dominant la ville; un escalier monumental conduit, par une porte coiffée de vingt-six clochetons et de huit tourelles, à la cour

* Il existe deux Jumma-Musjid, l'une à Agrâ, l'autre à Delhi.

interieure entourée d'une splendide galerie découpée à jour.

Trois dômes en marbre blanc, surmontés d'ornements en bronze doré, couronnent cette mosquée à laquelle deux minarets de 40 mètres de hauteur, rayés de rose, servent de flamberges. L'ensemble est grandiose au suprême degré.

Dans un petit sanctuaire situé à l'angle nord-est de la cour-terrasse, un *mollah* * nous présente, avec force racontars, les reliques vénérées de Mahomet.

C'est, d'abord, une boîte carrée en verre et en argent contenant le célèbre poil du législateur.

Pour que ce *poil* ait résisté plus que ses frères, il devait être évidemment d'une constitution particulièrement vigoureuse. En effet, cette auguste *soie*, dépouille opime d'un sanglier, est grosse, longue, raide et rouge; une bande de papier la maintient adhérente à l'intérieur du reliquaire, ni plus ni moins qu'un brin d'herbe dans un carton d'herboriste.

Une autre boîte contient la *sandale* du prophète; elle est en si mauvais état que nous la croirions presque authentique, — si nous n'étions pas au mois d'avril.

* Prêtre musulman.

Notre fidèle Boulouh, moins sceptique que nous en matière de reliques, pleure d'émotion à la vue de ces restes saints et les couvre de baisers, à bouche que veux-tu. Bien que toute conviction soit respectable, il ne faut jamais abuser de rien; or, notre boy s'extasie tellement devant un feuillet du Coran, que nous sommes obligés de le rappeler, par trois fois *(crescendo)*, au sentiment de la réalité.

Malgré la chaleur effroyable, nous allons, de là, courir la ville indigène.

Dans cette tournée, le temple dédié à *Para-Brâhmâ** ou à *Para-Içouara***, bijou de marbre, d'or et d'incrustations, est ce que nous visitons de plus remarquable. Les peintures sur marbre, représentant des paysages célestes, sont uniques en leur genre.

Les rues de Delhi sont plus propres que celles d'Agrâ et de Benârès; les femmes sont moins foncées de teint, mais leurs culottes extra-bouffantes les rendent presque disgracieuses. Les singes affectionnent particulièrement les places publiques; ils vivent, d'ailleurs, avec les indigènes sur un grand pied d'intimité, — qui

* Dieu unique.

** Dieu inconcevable.

n'exclut pas le respect... de la part de ces derniers.

Comme à Benarès, nous croisons, à chaque instant, des bœufs sacrés, dodelinant des cornes et barytonnant de la queue, absorbant par-ci, rendant par-là, et ne recueillant, en échange de leurs ordures que des marques de vénération : — *poignez vilain, il vous oindra*...

4 avril.

Nous remontons en voiture, à cinq heures du matin, pour aller visiter le mausolée de *Safdar-Jang* *, d'où un relais doit nous conduire au *Koutub-Minar*.

A droite, à gauche, partout on ne voit que murailles, tombeaux et mosquées effondrés ; ici, des remparts écroulés, là, des portiques entr'ouverts, plus loin, une cité entière, dormant dans sa cendre fauve, sur un linceul de roses trémières. Il n'est pas un mètre de terrain où l'on n'ait édifié quelque chose, dont il ne reste qu'une ruine : — on dirait d'un cimetière de géants abandonné ** !

* Vizir d'Amed-Shah et vice-roi d'Aoude.

** Delhi jonche de ses monuments une plaine de 120 kilomètres carrés (Rousselet).

Nous *haltons* un moment, pour visiter les restes insignifiants de l'observatoire fondé par *Akbar*, cet impérial précurseur de M. Leverrier, puis nous nous rendons au tombeau de *Safdar-Jang*.

Tandis que les *saïs-relayeurs* font leur office, nous pénétrons, par une porte monumentale, dans le parc, au centre duquel se dresse, sur une haute terrasse de marbre, le superbe mausolée.

L'architecte de ce monument s'est évidemment inspiré du Tâj, mais il a donné à son œuvre un caractère particulier qui empêchera toujours de le considérer comme une copie.

Les paons, très nombreux dans cette contrée, ont adopté comme dortoir les arbres de ce parc; aussi le *mollah*, gardien du tombeau, veut-il, à toute force, m'en faire tirer quelques-uns, pour occuper mon fusil. J'aperçois, en effet, dans le feuillage des manguiers, plusieurs de ces magnifiques oiseaux sommeillant encore, mais j'avoue n'avoir pas eu le courage de commettre un pareil sacrilège cynégétique.

Je me suis borné à leur jeter une motte de terre, et c'est sans regret que je les ai vus s'envoler bruyamment, avec une rapidité extrême, et s'élancer, dans toutes les directions, comme une gerbe de comètes.

Vers huit heures et demie, nous sommes au pied de *Koutub-Minar* *.

Cette tour de grès, dont le diamètre mesure, à la base, 16 mètres, et 11 au sommet, se compose de cinq étages, dont la hauteur de chacun est proportionnelle à son diamètre.

Tandis que le premier étage est polygonal, les quatre autres sont arrondis, mais irrégulièrement cannelés; cinq balcons, ouvragés avec une finesse extrême, ornent ce cierge colossal tout damasquiné, dont le soleil semble être la flamme. Nous en atteignons la mèche par un escalier de 376 hautes marches.

A nos pieds, dans la plaine brûlante, jusqu'à perte de vue, sont épars, au milieu des ronces et des lianes, les restes magnifiques d'une splendeur passée. — Tout est débris, vestiges, poussière, souvenirs !

Les chacals errent paisiblement sur les dalles où trônaient les empereurs *mogols*, et là, où les *bégûms* se baignaient à l'envi dans les bassins de porphyre et de jade, nous ne trouvons pas un verre d'eau. Seul, au milieu de l'impressionnante désolation, le *Koutub* reste debout, — comme l'immuable gardien de cet ossuaire de ruines.

De tous les monuments que nous visitons, en

* Koutub-Minar (tour du géant), hauteur, 72 mètres.

descendant de cette tour, le plus remarquable est un palais hindou dont les conquérants avaient fait une mosquée ; ses hauts et bas-reliefs sont de vrais chefs-d'œuvre, aussi bien que ses piliers hindo-*assyriens*. Le palais d'*Aladin** n'est plus représenté que par une porte colossale sur laquelle les versets du Coran, incrustés en marbre, forment des arabesques d'une richesse inimaginable. A signaler encore le fameux *pilier de fer*, forgé d'un seul bloc « *du poids de 13,500 kilogrammes, et d'une hauteur totale de 15 mètres sur un diamètre de 40 centimètres, mais enfoncé en terre jusqu'à moitié de sa hauteur* **. »

De retour à Delhi, nous gagnons notre bungalow, en passant par le *Chandi-chouck*, large boulevard à deux rangées de tamaris. C'est la *Cannebière* de l'endroit. Pendant que nous furetons dans ses boutiques, un babou nous fait remettre un prospectus superbe. Nous entrons chez lui ; ce babou est un riche marchand d'étoffes d'or : ai-je besoin d'ajouter que nous nous laissons tenter et convaincre ?

A deux heures, nous repartons en quête de nouveaux monuments. Une autre *voie doulou-*

* Souverain de Delhi (1294-1315).
** M. Cotteau (*Promenade dans l'Inde et à Ceylan*).

reuse nous conduit, en trois quarts d'heure, au mausolée d'*Humayoum* *. — Cette fois-ci, la terrasse porte-coupole est en grès rose.

Dieu! que ces édifices, superbes à voir, deviennent à la longue fastidieux à décrire!... Le lecteur a dû s'en apercevoir facilement, s'il a eu le courage de me lire, ce dont je doute, en me mettant à sa place.

Les monuments hindous sont peu dissemblables de style et de formes, l'un est un peu plus rose, l'autre est un peu plus blanc, celui-ci a deux minarets, celui-là en possède quatre, le nombre des clochetons, des coupoles et des piliers varie à l'infini; mais la note générale est presque toujours aussi monotone que mes... descriptions: ce sera ma mauvaise excuse.

Je sais bien qu'un habitué de la plume saurait mettre en relief, quand même, les caractéristiques qui ont eu le tort de ne pas me sauter suffisamment aux yeux. — Entre un écrivain et moi, il y a de la marge **. Je suis un simple galopeur, je continue donc à chevaucher à travers tout, sans m'arrêter à rien.

* Empereur mogol (1530-1556), il eut pour fils et pour successeur *Akbar*.

** En veut-on la preuve? Ecoutez, confidentiellement, comment j'ai noté sur mon calepin ce monument funéraire : une boite carrée rouge, fortement tatouée et ouvragée, au-dessus, une grosse *nonnette* glacée, et au-dessus de la nonnette, un *brimborion* d'or. Voilà!

Cette confession faite, j'en reviens à mon tombeau.

Dans une salle centrale repose le mogol *Humayoum*, et tout autour de lui dorment ses épouses, mais chacune dans une salle particulière. Aux Indes, jamais de promiscuité matrimoniale dans la mort, — sauf sous la coupole du *Tâj*.

De la haute terrasse à laquelle donnent accès quatre escaliers, la vue s'étend sur une plaine jonchée d'autant de ruines qu'il en existe à l'entour du Koutub : on se croirait dans la vallée de Josaphat.

Nous ne voulons pas rentrer à *Delhi* sans pousser une pointe jusqu'au monolithe en granit gris de l'Himalaya, apporté par je ne sais qui, l'an 3 de notre ère (d'après notre guide) ; c'est une colonne haute de 10 mètres, en partie couverte d'inscriptions et d'hiéroglyphes, aussi étranges que variés. Un vieux reste de tour en briques, à plusieurs rangs de voûtes, lui sert de piédestal.

Nous terminons notre journée par des achats importants, chez M. *Jacob*, le fameux marchand d'antiquités de *Simla*, et à sept heures nous nous embarquons pour Lahore.

CHAPITRE X

De Delhi à Lahore. — Nos boys ont disparu. — Le palais et le tombeau de Ranjit-Sing. — Les jardins de Shalimar (Versailles des rois de Lahore). — Nos boys sont retrouvés. — Mausolée de l'empereur Jehan-Ghir. — Lahore et ses habitants. — Deux mots sur la question afghane. — Les Anglais n'aiment pas M. Gladstone. — Les Hindous adorent le vice-roi. — Umritsar et les Sikhs. — Leur religion. — Le temple d'or et la haute gomme sikhe. — Retour à Delhi.

5 avril.

Au réveil, notre train arpente, à toute vapeur, la plaine insignifiante qui couvre les trois quarts de l'Hindoustan.

A partir d'*Umballa* (station du sanitarium de *Simla)*, les arbres à coton égayent un peu, de leurs taches vermillon, la monotonie du paysage; puis, la triste nature reprend ses droits. Vers trois heures, nous atteignons une *oasis* verdoyante, au centre de laquelle *Umritsar* se cache sous des massifs de rosiers géants, dont les senteurs pénètrent jusque dans nos wagons.

Ici, un incident... Depuis notre réveil, nos boys n'ont pas paru. Habitués qu'ils sont à venir prendre nos ordres aux stations-arrêts, cela nous paraît inquiétant; à plusieurs reprises, nous avons visité les voitures de natifs : pas de Râmjhann, pas de Boulouh, et pas de bagages!... Un voisin, à qui nous exposons notre cas, nous donne l'explication suivante : « L'Indien est fidèle à son maître, jusqu'à ce qu'un intérêt plus puissant le pousse à le lâcher ou à le trahir; donc, vos domestiques, fatigués, sans doute, de vos pérégrinations continues, vous ont quittés à l'embranchement de *Gazéeabad*, emportant à Calcutta vos bagages et tout l'argent que vous avez eu le tort de leur confier. »

Si mon nez, rendu déjà très malléable par l'inquiétude, s'allonge démesurément à ce récit, — celui de mon compagnon est loin d'être devenu camard...

La voilà donc revenue cette vieille guigne que nous pensions avoir laissée en Europe! Que faire? Encore, si nous savions quelques mots d'anglais!...

Je saisis mon dictionnaire avec rage et je compose deux dépêches pour les chefs de police de Delhi et de Calcutta.

En arrivant à Lahore, nous nous précipitons au télégraphe. Le babou télégraphiste tourne et retourne ma dépêche en tous sens. Sa physionomie m'indique qu'il ne comprend pas un mot à mon anglais de cuisine; comme, de notre côté, nous ne saisissons rien de ce qu'il nous raconte; la situation est sans issue. Le même dialogue avec un employé anglais ne donne lieu à aucun meilleur résultat : c'est complet!

Sur ces entrefaites, survient très à propos un gentleman complaisant, parlant tant soit peu le français, qui veut bien traduire ma dépêche en anglais usuel et la faire expédier. Ouf! mais — à quoi cela servira-t-il?

L'hôtel *Nédum*, où nous descendons, est tenu par un Suisse sachant notre langue : merci, mon Dieu!

Je suis trop nerveux pour apprécier les verdoyants abords de la capitale du *Punjab** et sa gare-*château fort;* notre dîner manque de gaieté;

* Lahore (100.000 habitants).

de plus, ma nuit se passe à guerroyer contre les moustiques : décidément, c'est une *passe à la noire!*...

Faisant, néanmoins, contre mauvaise fortune bon cœur, nous nous rendons, dès le matin, au *Fort*, envahi, comme celui de Delhi, par les constructions du génie militaire, devant lequel une partie seulement du palais de *Ranjit-Sing* * a trouvé grâce.

Les murs et les voûtes de presque toutes les salles sont semés de petits morceaux de miroirs bombés, brochant sur les plus extravagantes moulures; en outre, on a réuni, dans une galerie séparée, une collection assez curieuse de vieilles armes.

Voilà tout ce qui reste des splendeurs du généreux ami de *Victor Jacquemont*.

Le tombeau de *Ranjit-Sing*, intérieurement en arabesques sur marbre et extérieurement tout en marbre blanc, est très remarquable; il consiste en un élégant cube à deux étages, orné de seize loggia et d'un nombre considérable de clochetons, de diverses formes, réunis par une balustrade finement découpée; un dôme, en forme de tulipe, — *coronat opus*. Quant à l'imposante

* Dernier roi de Lahore, mort en 1839.

mosquée d'*Aureng-Zeb*, autour de laquelle quatre minarets inachevés semblent jouer aux *quatre coins*, elle ressemble à celles déjà décrites, mais on y a exagéré la note rouge, sans doute, afin de mieux faire ressortir la pâleur du mausolée, qui, — deux siècles plus tard, — devait lui être donné comme voisin(!)...

De là, en moins de vingt minutes, nous arrivons aux jardins de *Shalimar* (Versailles des anciens rois de Lahore). Ce lieu célèbre est un magnifique parc, encadrant un gigantesque escalier, formé d'une succession de trois terrasses. Un bassin de marbre, à mille jets d'eau et cascatelles, orne chacune des trois marches colossales, et, tout à l'entour, sont cultivés avec soin les rosiers les plus rares. Le parc lui-même est une forêt régulière de manguiers séculaires, présentement en pleine floraison.

Pendant que de jeunes Hindous, armés d'arcs-frondes, font la guerre aux innombrables habitants ailés de ce lieu de délices, leur père vient nous offrir les plus belles de ses roses. — Tout cela serait charmant, si nos domestiques ne manquaient pas à l'appel !

A notre retour à l'hôtel, les premiers êtres que nous apercevons sont nos boys; leur voiture était tout simplement restée en détresse à

Gazéeabad. — Leur voiture en détresse!... Et nous donc!...

J'ai envie de les embrasser, tellement je suis content de les revoir; mais, voilà... ma dignité s'y oppose!

Suivant le conseil de notre maître d'hôtel, corroboré par des renseignements particuliers, nous décidons d'abandonner le nord de l'Inde sans pousser jusqu'à *Peshawer*, de toucher barre à *Umritsar*, et de gagner par *Ulwâr*, *Jeypore* et *Ajmeer*, la province de *Bombay*, d'où nous reviendrons sur le *Dekhan*.

A trois heures donc, nous serons en wagon. En attendant, comme le mausolée de l'empereur *Jehan-Ghir* n'est qu'à 8 kilomètres, nous mettons le cap sur cet endroit.

Au bout d'une demi-heure de voiture par une large route ombreuse, nous atteignons la *Ravée* *, belle rivière dont les débordements fertilisent cette contrée. On se croirait en Normandie, tellement les prairies sont verdoyantes et les bouquets d'arbres touffus. Moyennant deux roupies, nous franchissons ce gracieux cours d'eau, sur un pont de bateaux très irrégulièrement jeté.

* La Ravée, affluent de gauche de l'Indus.

Au débouché de la rive droite, deux cavaliers mongols, feutre en tête et fouet au poing, se rangent pour nous faire place. Leurs chevaux ressemblent tout à fait à nos petits camargues, et leur nez à une selle anglaise; ils ont, d'ailleurs, fort bonne tournure.

Nous poursuivons notre route à travers un fouillis de verdure où les manguiers, les cocotiers et les palmiers nains et géants se mêlent aux tamaris et aux gigantesques peupliers de la Caroline, avec un assaisonnement de parasites et de lianes rappelant le *téraï* himalayen. La végétation se calme un peu à mesure que nous nous éloignons de la Ravée, puis elle reprend de nouveau : nous sommes au port.

Négligeant les nombreux bâtiments à demi détruits, accessoires du mausolée, je parlerai seulement du monument lui-même.

Il consiste en une immense et haute terrasse rectangulaire, dont chaque angle est marqué par un superbe minaret. Les salles intérieures sont revêtues de moulures en stuc et d'inscriptions en marbre noir. Le style de ce tombeau, aussi simple que majestueux, nous a paru être le moresquo-persan. Quant au parc, c'est un *paradou* cultivé, aussi beau que touffu et aussi odorant que fleuri.

A peine de retour à Lahore, nous allons flâner dans la ville indigène.

Les habitants de cette cité célèbre, bien qu'inférieure à sa réputation, ont tous l'air heureux.. Les rues sont propres, les hommes beaux, les turbans énormes, les femmes gracieuses, souvent même jolies, et les maisons sont si bizarrement badigeonnées, qu'elles contribuent à augmenter la gaieté des passants. Il en est qu'on ne peut pas regarder sans rire, enfin, ce peuple essentiellement barbouilleur, non content de peindre ses maisons, ses cheveux et sa barbe, teint également ses animaux, sans en excepter les chèvres et les poules. C'est tout à fait comique.

Attention ! voici venir une ravissante Hindoue, aux vêtements de gaze blanche brodés d'argent; on dirait, aux rayons du soleil, une étoffe tissue de *fils de la Vierge* et de gouttes de rosée. Ce doit être la *perle de Lahore*, la *Galathée du Punjab* ou la *Reine des Bayadères*. Quoi qu'il en soit, — sa démarche ondoyante et ses yeux de sphinx hanteront longtemps nos souvenirs.

Les Afghans, presque aussi nombreux ici que les *Punjabies*, ont l'air d'être absolument chez eux. A plusieurs reprises, d'ailleurs, nous avons été frappés de leur façon cavalière de traiter les Hindous. Quelqu'un nous assure qu'ils *méprisent* encore davantage les Anglais : — presque toute la *question afghane* tient en ce *sentiment*. Mon ami prépare sur ce sujet un travail consciencieux, dont le titre doit être : *l'Inde sera-t-elle anglaise, ou russe**?

Son opinion peut être ainsi résumée : « le jour où les Russes, appuyés en arrière sur une solide base d'opérations, marcheront résolument sur Hérat (*clef des golfes d'Oman et Persique*, — et *mirador des Indes*), les Afghans se retourneront contre les Anglais; la révolte se propagera comme une étincelle électrique tout le long de la muraille himalayenne jusqu'au Boutan, déjà sourdement hostile, et peut-être, jusqu'à la Birmanie : alors, à la lueur de cette rampe, l'Inde entière se lèvera. »

Il existe, en effet, depuis 1857, entre l'Anglais et l'Hindou, une tache de sang tellement large et rouge que la botte russe seule pourra l'effacer (!) à sa manière.

A trois heures, nous disons adieu à Lahore. J'observe, en traversant un cours d'eau, un lot de petites tortues couvées de l'œil par un magnifique aigle royal; malheureusement un coude de

* Cette brochure a été éditée par la maison Berger-Levrault, 5, rue des Beaux-Arts, en août 1884, avant donc que la question afghane fût à l'état aigu.

la voie m'empêche d'assister à cet enlèvement de mineures à corsets d'écaille. A *Meen-Meer* (cantonnements de Lahore), treize éléphants, dont nous apercevons au loin les hautes écuries, sont rangés en bataille, attendant les bagages d'un détachement de jeunes soldats arrivant d'Europe.

J'ai dit que la tenue des troupiers anglais aux Indes était irréprochable; par exception, ceux-ci sont débraillés et leurs officiers les invectivent. Mon voisin, à qui j'en fais l'observation, me répond : « *C'est la faute de M. Gladstone, car cet homme néfaste,* ajoute-t-il, *nous envoie, grâce à sa loi de recrutement**, *non des soldats, mais des enfants de troupe dont le climat a bien vite raison.* »

Le premier ministre ne jouit pas seul ici de la défaveur générale; le vice-roi peut lui rendre des points. Je l'ai entendu attaquer maintes fois; on lui reproche surtout son *bill de liberté*, par lequel il a, en quelque sorte, émancipé les Indiens. D'aucuns l'appellent *lord Crémieux*, et beaucoup affirment, qu'aux jours de solennités officielles, la mâle voix du canon et les acclama-

* D'après la loi actuellement en vigueur pour l'*armée permanente* (1881), les engagements sont reçus à partir de *dix-neuf ans*, mais les hommes de troupe des corps de l'armée régulière en service aux Indes, ou dans les autres colonies, doivent être âgés de vingt ans.

tions frénétiques de la population indigène ne couvrent pas toujours les — sifflets européens.

Je n'émets pas, bien entendu, une opinion personnelle ; je répète seulement ce que j'ai entendu dire; mais je tiens à constater que la France n'est pas le seul pays où l'on éreinte ses gouvernants.

A cinq heures, nous sommes à *Umritsar*.

Quelle ville étrange que cette capitale des Sikhs, avec ses remparts peints et ses habitants à allures de mousquetaires!

Les Sikhs sont esssentiellement un peuple guerrier, l'Angleterre est payée pour le savoir; mais actuellement elle en tire un excellent recrutement pour son armée. — Il y a compensation.

Qui dit peuple guerrier, dit peuple religieux; les Sikhs ont donc adopté, en 1469, une religion *composite* dont ils suivent aveuglément les prescriptions, même celle leur défendant de fumer. *Nanek*, fondateur de cette religion, a résumé sa doctrine dans une bible précieusement conservée au *temple d'or de l'immortalité*.

Pour pénétrer dans ce lieu, aussi *cossu* que vénéré, nous devons mettre bas nos bottines et les remplacer par des *chaussettes russes* perfectionnées. Le préposé aux pantoufles nous présente une pancarte où cette mesure est approuvée par le gouvernement; il explique même à nos boys que, le *prince de Galles* n'ayant pas voulu se soumettre à cet usage, l'entrée du temple lui a été refusée.

Affublés de ces chaussons d'ordonnance, nous marchons vers le monumental lingot d'or, que les rayons obliques du soleil font étrangement resplendir.

Ce temple, de forme carrée, est entièrement en marbre blanc incrusté de pierres fines; mais les deux étages supérieurs, l'intérieur, le dôme, et les quatre clochetons sont revêtus d'épaisses plaques d'or ciselées; le centre de chaque arabesque ou de chaque fleur est formé par une topaze, un grenat ou une turquoise. Les portes sont en argent massif finement travaillé.

Un étang quadrangulaire, bordé de gradins de marbre, entoure ce sanctuaire d'autant plus éblouissant, que ses richesses sont parfaitement entretenues, et qu'elles s'augmentent sans cesse; enfin, un pont orné de deux rangées de lampadaires d'or y donne accès, du côté nord.

Les Sikhs doivent, sans doute, chercher à dompter la divinité par la prière perpétuelle et la musique à jet continu; car ils ne cessent de processionner autour de nous, en psalmodiant des hymnes pieuses et en menant un tapage instrumental assourdissant.

L'intérieur du temple, surtout, est en pleine fermentation religieuse. Trois rangs de dévots et de prêtres, accroupis tout à l'entour d'un riche voile recouvrant le livre saint, prient avec ferveur ; chaque processionnant, homme ou femme, entre, se prosterne, dépose une offrande ou une fleur sur le voile, puis continue sa marche ou se tasse contre les parois d'or, — suivant, sans doute, son degré de sanctification.

Le pourtour du lac est non moins curieux à examiner ; tandis qu'au bas des gradins, les ablutions marchent leur train, en haut du terre-plein, les prédicateurs haranguent, à demi voix, un nombreux auditoire attentif et silencieux, et des simili-bedeaux circulent, distribuant des fleurs ou recueillant des offrandes.

Quittant l'étang, nous pénétrons, par un couloir, dans un sombre jardin intérieur servant de capharnaüm à toutes les religions, en mémoire de Nanek, le grand *leader* de la tolérance religieuse.

Nous lui en devons personnellement une reconnaissance extrême, à cause de l'inoubliable spectacle qu'il nous procure. A notre droite, des ministres de je ne sais quel culte, vêtus de laine grise, coiffés de feutres pointus, et portant d'énormes bracelets de jade en guise de boucles d'oreilles, semblent frappés d'immobilité; à notre gauche, des *saints*, reconnaissables à leurs cheveux incultes, semblables à des queues de jeunes poulains, et à leur nudité repoussante, sont avachis sous des dômes de marbre; plus loin, deux prêtres à barbe blanche et à longs cheveux bouclés, prêchent devant un parterre de femmes avec une sobriété de gestes que cinq *derviches* tourneurs n'imitent guère, à quelques pas de nous. — Je n'en finirais plus, si je voulais énumérer tout ce qui nous entoure.

Au milieu de ces divers centres de stationnement, une foule multicolore va, vient, s'agenouille, piaille, chante, prie, jette des fleurs, se baigne, pendant que des musiques discordantes augmentent l'enthousiasme général et excitent la piété.

A l'extrémité de ce jardin, s'élève une tour hexagonale à six étages, également revêtue d'or et de pierres précieuses, où repose le fondateur de la religion sikhe. En ce lieu, nous sommes obligés de jouer des coudes, pour ne pas même apercevoir le cercueil de ce saint, qu'une balustrade, en fer doré, protège contre le fanatisme de ses sectateurs. Mais il est temps de quitter cette délirante ménagerie, car nous étouffons littéralement : — la chaleur des sentiments augmenterait-elle celle de la température ?

Rentrés en possession de nos chaussures, nous nous faisons conduire chez le principal marchand de cachemires de l'endroit.

Le peuple sikh est tellement exubérant qu'on croirait, en traversant les rues, assister à une fête exceptionnelle : chacun a l'air endimanché. Les hommes sont de superbes gars couleur de fumée, aux moustaches à la *d'Artagnan* et à barbe flamboyante ; leurs longs cheveux sont coquettement troussés sous des turbans à tournure de casques, et les boucles d'oreilles, ainsi que les colliers dont ils s'affublent, ne parviennent pas à leur donner un air efféminé. Beaucoup nous saluent militairement, les enfants nous sourient, quelques-uns même nous jettent des fleurs, enfin le beau sexe mérite réellement son nom : que peut-on désirer de plus ?

Les femmes sikhes, en effet, ont le nez aquilin et la peau à peinte teintée ; elles sont petites, mais leurs yeux sont plus grands encore et plus soulignés d'*antimoine* que ceux des autres Indiennes, et, comme elles sont, en général, potelées, la finesse de leurs attaches et de leurs extrémités, aux ongles roses, n'en ressort que mieux. Si elles se couvraient moins de bijoux, ce serait la perfection. J'en dirai autant des petits *crevés*, dont l'élégance est extraordinaire. Ces Apollons, à peau mate, ont les yeux noircis comme ceux des femmes et presque autant de bijoux qu'elles; plusieurs même portent des fleurs à la main. Impossible cependant de les trouver ridicules tant ils sont... *v'lan!*

Après avoir augmenté nos bagages de nouveaux ballots précieux, et chargé notre estomac en proportion, nous repartons pour Delhi.

CHAPITRE XI

Le Kamsin. — Retour à Delhi et départ vers le Radjpootana. — Ulwar. — Les écuries du Rajah. — Son cousin, son artillerie à dromadaire, son chenil de guépards, son palais et sa panthère noire. — En route pour Jeypore, à travers les territoires tribu taires.

6 avril.

La température est insupportable : un lourd vent d'ouest charrie des nuages de sable brûlant, dont les grains impalpables pénètrent jusque dans nos montres.

Devant ce *Kamsin* *, les buffles s'enfoncent jusqu'aux oreilles dans les mares d'eau stagnante,

* Vent de sable (*simoun* asiatique).

tandis que les bœufs, plus nobles, se contentent de tourner leur croupe à l'incendie mouvant, et de fermer les yeux. Tout autour de nous, sous le ciel embrasé et bas comme une voûte, la plaine s'étend nue dans un poudroiement de fournaise.

Nous passons notre temps à faire tourner les volants en *vétiver*, qui remplacent les vitres de nos wagons ; mais l'eau des réservoirs se volatilise avec une rapidité telle, qu'à moitié route des stations, il n'en reste plus.

A quatre heures, nous sommes à Delhi ; — à quatre heures quinze minutes, au travellers-bungalow ; — à quatre heures vingt minutes, dans nos baignoires.

Nous repartons à dix heures pour Ulwar par un train mixte, le *pariah* des convois de l'Inde ; naturellement, il n'y a pas de wagon pour les Européens. Nos boys organisent, tant bien que mal, notre dispositif de nuit dans un box de troisième ordre ; le chef de train donne des ordres pour que nul natif ne pénètre chez nous, et... que Morphée nous soit propice !

Après nous être retournés, cent fois, sur notre gril de bois, et, après avoir fait subir à nos couvertures toutes les déformations possibles, nous nous endormons.

— Les chansons naïves et monotones d'un

harem en déplacement, parqué dans le wagon voisin du nôtre, ne sont pas étrangères à cet assoupissement.

7 avril.

Au réveil, notre train court, sans trop se presser, entre deux chaînes de collines formant un long défilé, à l'extrémité duquel, vers le sud, des hauteurs bleues se dressent comme un paravent. Des oiseaux de toute espèce font leur prière du matin avec un ensemble tel que notre train semble glisser à travers une volière; en outre, de grosses perdrix grises, des grues et des paons picorent dans les champs ou trottent le long de la voie. A sept heures et demie, nous sommes en gare d'*Ulwar*. — L'expression, en gare, est peut-être un peu prétentieuse; mais quand on est chez un prince, il faut savoir être courtisan.

L'État indépendant d'*Ulwar*, ainsi appelé du nom de sa capitale, est une des douze, treize ou quatorze provinces tributaires du Radjpootana; son étendue est de 7.832 kilomètres carrés et sa population est de 800.000 habitants environ. C'est *Vivien-Saint-Martin* qui m'apprend tout cela : comme je ne garde rien pour moi, je m'empresse de vous en faire part.

Ulwar est gouverné, nominativement, par un souverain *(Rajah)*, et effectivement, par un docteur anglais *(résident)*. D'ailleurs, tous les princes *indépendants* sont logés à la même enseigne.

Zuze un peu, mon bon, s'ils n'étaient pas indépendants !...

Sans donner mon avis sur le rôle, suffisamment connu, des *résidents* auprès des princes indiens, je dirai que ces fonctionnaires sont des gendarmes déguisés en bonnes d'enfants, et souvent même, pas déguisés du tout.

Non loin de la station est le *bungalow** des étrangers, où nous élisons domicile.

Notre arrivée ayant été signalée, le *Rajah (residente probante)*, met gracieusement à notre disposition une de ses calèches, et joint, à cet envoi, son cousin *Koudhabas Khan*, commandant de sa garde, officier d'une belle prestance et d'une politesse parfaite.

Notre premier soin est d'aller, en ce galant

* Le bungalow est une bâtisse très simple, à la disposition du ou des premiers voyageurs venus ; moyennant une roupie par jour, on peut s'y éterniser, à moins qu'un deuxième occupant ne se présente ; dans ce cas, il faut lui céder la place. Des boys sont gratuitement à la disposition des voyageurs.

équipage, déposer au palais d'été, actuellement occupé par le prince, deux cartes, l'une pour Sa Hautesse, et l'autre pour son tuteur; puis nous commençons notre tournée par la visite des écuries, contenant environ trois cents chevaux.

Le cocher en chef nous donne beaucoup d'explications sur les différentes races chevalines de l'Inde, et nous assure que son maître possède quatre mille chevaux, en comptant, sans doute, ceux de sa cavalerie. Je laisse à ce *phaéton radjpoot* la responsabilité de son assertion.

Je retrouve là quelques beaux arabes, des australiens, des pur sang anglais, quelques hindoustanis, et surtout, plusieurs spécimens typiques d'une race, que j'avais déjà remarquée sans qu'on pût me dire son nom ni son origine.

Les animaux de cette espèce sont de haute taille, leur tête est fine, leur encolure bien sortie, et leur croupe, longue et horizontale, est complétée par une belle attache de queue. Voilà les qualités des *kathiawars*, mais leurs défauts sont nombreux : le garrot est noyé, le dos plongeant et le rein long; de plus, les membres sont souvent grêles et les paturons longs et bas-jointés.

L'élève de cette race, reconnaissable, au premier aspect, à ses oreilles hélicoïdales très rapprochées, se fait dans la province du *Kathiawar*, située au nord de Bombay. Le plus grand reproche qu'on puisse faire encore à ce cheval est son manque d'énergie; néanmoins, les *rajahs* l'apprécient beaucoup, à cause de sa distinction : c'est le véritable palefroi asiatique. J'en compte plus de vingt, dont la crinière et la queue sont ornées de boules et d'anneaux d'or, incrustés de pierres précieuses.

Les stalles et les boxes, en marbre blanc et en briques, sont très soignés; les gardes d'écurie sont à leur poste : — on se croirait à Saumur!

Outre la longe qui le retient au râtelier, chaque animal est pris, par les pieds de derrière, dans une entrave fixée à une longue corde. Un anneau, planté en terre dans le prolongement de l'axe normal du cheval, permet de tendre plus ou moins la corde, suivant le besoin.

Ce mode d'attache est commun aux Anglais et aux indigènes; il empêche les *prises de longe*, maintient le cheval à sa place, et tempère les ruades, sans gêner en rien le *coucher*. Hormis ces écuries, la résidence d'été, construction sans style, entourée d'un parc médiocrement entretenu, n'a rien de bien remarquable.

Au moment où nous revenons sur nos pas pour gagner la ville, un des fils du *Rajah* passe, chevauchant un arabe blanc somptueusement harnaché ; à sa gauche est un palefrenier à tous crins, et, à quelques pas en arrière, son vieux *Frimousse* ferme la marche, perché sur un dromadaire : — ce *petit duc* asiatique nous rend très dignement notre salut.

Un peu plus loin, nous croisons une batterie d'artillerie à dromadaire, revenant de la manœuvre.

En 1799, ce me semble, Bonaparte avait organisé en Égypte une semblable *espingolerie*, dont il fut médiocrement satisfait ; serait-ce sa liquidation ?

En nous dirigeant vers le grand palais du prince, construit au pied du cirque de rochers élevés dominant la ville, nous passons devant le *kraal*, puis devant le chenil. Je dis chenil, parce que cette expression impropre exprime, mieux que le mot ménagerie, ce dont il s'agit. En effet, sur des lits de sangle, semblables à ceux des simples mortels, sont étendus, couchés ou assis, une vingtaine de lynx et de guépards, attachés seulement par la ceinture à une chaîne... lâche.

A notre approche, leurs valets leur font prendre une attitude plus militaire, et, comme nous descendons de voiture, ces félins viennent nous lécher les mains, mais à la façon d'une râpe. On utilise ces animaux pour prendre à la course, les antilopes, les renards, les chacals, etc., etc. Le prince *Kadour*..., je me trompe, *Koudhabas* nous dit que le dressage de ces étranges chiens courants exige beaucoup de temps et de précautions ; — je le crois facilement, sans y aller voir.

Nous poursuivons notre route à travers la ville indigène, curieuse même en arrivant d'Umritsar, et, après avoir franchi plusieurs bastionnets coquettement armés de canons dorés, nous arrivons au palais.

Une porte massive donne d'abord accès dans une cour intérieure, dallée de marbre; au fond de cette cour, encadrée de vastes bâtiments à balcons, s'élève une haute terrasse, supportant le corps de logis principal; plus en arrière, encore, est un lac sacré entouré d'édifices religieux.

Les salles de réception sont très originalement décorées d'arabesques, de moulures et de fines peintures rehaussées de petits miroirs; c'est ce que nous avons vu encore de plus réussi en ce genre. Un magnifique *bow-window*, à clochetons, balustres et arceaux découpés d'une façon charmante, donne sur ce lac, où plus de cent personnes font, présentement, leurs ablutions.

Le lieu est sacro-saint : aussi ne nous est-il

pas permis de fouler, de notre pied profane, les superbes gradins formant trois terrasses successives, agrémentées de constructions aussi élégantes que difficiles à expliquer. Une splendide mosquée de marbre blanc orne le côté ouest du lac; sa coupole supérieure repose sur quatre autres coupoles épinglées d'or, supportées par trois terrasses à clochetons étranges.

Comme repoussoir à cette sorte de blanc éventaire, se dresse à pic une puissante falaise de rochers noirâtres, dont les pointes principales sont coiffées de châteaux à créneaux byzantins, et à mâchicoulis de grès rose.

Sans m'étendre inutilement sur la végétation des jardins publics, et sur les nombreux animaux féroces de la ménagerie du Prince, je signalerai seulement une panthère noire aux yeux verts et aux ocellations mates, faisant l'effet de moire sur du velours.

Si le vieux dicton de vénerie « *Ventre plein sonne bien, mais ventre creux sonne mieux* » est vrai, nous devons être présentement en forme pour expérimenter sa deuxième partie.

Les trompes faisant défaut, nous nous rabattons sur le déjeuner hétéroclite, préparé à notre intention, par le gardien du bungalow; puis, après cette curée chaude, nous allons à la station attendre le train de *Jeypore*, non toutefois, — sans avoir délivré au commandant *Koudhabas Kan*, sur sa demande, *un certificat de bonne vie et mœurs*, scellé d'une vigoureuse poignée de main.

Tout le pays au sortir d'*Ulwar*, mal cultivé comme la majeure partie des territoires indépendants, est semé de pitons nus comme la main. En revanche, les positions importantes, au point de vue militaire, sont marquées par des forteresses dont les tours massives et les murs crénelés, se profilent en festons menaçants. A leurs pieds, dans les bas-fonds, quelques bosquets touffus reposent la vue.

Par exemple, beaucoup de gros gibier dans les champs de cette contrée féodale, entre autres, des paons, des antilopes, des gazelles, des perdrix, des outardes et des sangliers; un superbe oiseau de proie suit, pendant un kilomètre, notre train, son corps est blanc bleuté, le dessus de son dos, marron, et l'extrémité de ses ailes, noire.

Plus nous avançons, plus la plaine devient triste et nue; de gigantesques sillons creusés dans le sable, comme par le passage d'énormes serpents, marquent le lit des rivières, à sec depuis plus de six mois; çà et là, de longues caravanes de dromadaires, aussi jaunes que le désert, cheminent la tête basse, à cause du vent de sable ; pas un arbre, pas un arbuste : c'est l'abomination de la désolation...

Enfin, vers le soir, nous apercevons quelques touffes de cocotiers, derrière un bourrelet de dunes, puis des manguiers, puis des jardins, puis un tas de maisons proprettes : — voici *Jeypore*.

CHAPITRE XII

Jeypore et les Radjpoots. — Le palais de Ram-Sing. — Les alligators et les tortues. — A éléphant. — Ambâr. — Chargés par... des guêpes. — Un sacrifice sanglant. — Départ pour Bombay par Ajmeer, Ahmédabad, Baroda, Surate, etc., etc.

8 avril.

APRÈS une nuit réparatrice au *Kaiser-Hind-Hotel*, nous allons rendre visite au *factotum* du Maha-Rajah, M. F***, prévenu de notre arrivée par un complaisant étranger. Cet aimable Hongrois nous reçoit, entouré de cent sacs de blé bondés de grenats cabochons, de topazes et d'améthystes, dont il monopolise le commerce au nom du successeur de *Ram-Sing*.

Ce prince, tout à fait dans le mouvement, continue la politique réformatrice de son prédécesseur. Ainsi, il a achevé le licenciement de son armée, inutile, — puisque les Anglais veulent bien le... garder, et l'argent de ce chapitre budgétaire est annuellement employé à parachever, ou à entretenir les établissements d'utilité publique créés par Ram-Sing, tels qu'une *École des arts et métiers*, un *hôpital*, une *bibliothèque*, un *jardin public* et une... *usine à gaz*.

*Jeypore** est une ville tout à fait étrange. Si l'on considère ses remparts massifs, émergeant de leur ceinture d'arbres, et dominés au loin par un cirque de montagnes granitiques couronnées d'une série de citadelles, on se croit en plein moyen âge; et, si l'on pénètre dans la ville, l'illusion se corse encore davantage.

Nous croisons, en effet, à chaque pas, des hommes élégamment vêtus, à figures martiales, le bouclier rond à la ceinture et le sabre au côté; leur barbe, séparée en deux par une raie verticale, est hérissée à droite et à gauche, et leurs turbans coquets sont plantés de côté, à la « *fier à bras*. » Une seule chose nous choque, c'est le bandeau dont la plupart d'entre eux sanglent

* Jeypore (60.000 habitants).

leur menton et leurs oreilles, afin de donner le fameux pli d'ordonnance à leur barbe...

Les costumes des femmes ne sont pas moins recherchés; elles portent le large pantalon, ou une jupe épaisse à mille plis plats, en forme de cloche, un mamillaire très ornementé, et un voile rouge, bordé d'une large bande d'or ou d'argent. Dire qu'elles sont surchargées de bijoux n'est pas exagéré, car j'en remarque plusieurs dont l'allure rappelle celle des canards.

M. F*** m'assure qu'elles portent jusqu'à trois kilos de bracelets à chaque jambe; leurs pieds sont revêtus, jusqu'aux ongles, d'une sorte de *gantelet* articulé, à pendeloques en argent ou en or, ce qui est le suprême du genre, enfin leur nez est agrémenté des pendants les plus compliqués. Elles sont néanmoins jolies, et, dit-on, très légères. En tout cas, j'affirme que c'est plaisir de les voir aller, venir, rire et chanter, en montrant leurs belles dents au soleil.

Nous pénétrons par une haute porte dans la rue principale, longue de 3 kilomètres sur 30 mètres de largeur, où règne une animation incroyable. Tout porte à la gaieté, encore plus qu'à *Lahore*, dans ce *Paris de l'Inde* *.

* Surnom donné par les Anglais à Jeypore.

Les maisons, peintes du haut en bas, rappellent, avec leurs étages irréguliers de *loggia*, celles de Naples; de longues files de chameaux remplissent les rues et les places fourmillantes de piétons et de cavaliers; ici, un *baron* *, suivi de son escorte et précédé d'un porte-canne, traverse la foule sur un étalon blanc, là, des bœufs sacrés enjambent adroitement l'étalage d'un libraire en plein vent, plus loin, des valets de chiens conduisent en laisse de beaux lévriers, à la livrée du prince, et à travers tout ce mouvement, des groupes de jeunes filles passent en chantant en chœur, portant sur leur tête, selon l'usage, des cadeaux destinés par de futurs époux à leurs fiancées.

Si les rues sont propres, bien percées, éclairées au gaz et bordées de larges trottoirs; à part le palais du Maha-Rajah, les monuments font ici absolument défaut, car le *palais des vents*, grand placard pyramidal en stuc à mille clochetons, n'est autre que la façade orientale du palais du prince.

Nous nous empressons de rendre visite au *résident* anglais, afin d'obtenir les autorisations nécessaires pour pénétrer dans les bâtiments

* Les parents du Maha-Rajah portent cette dénomination.

royaux, puis, accompagnés de notre guide honoraire et munis des laisser-passer britanniques, nous entrons dans le palais, sorte de cité presque aussi populeuse que la ville elle-même. Je serais, par exemple, bien embarrassé pour dire de combien de parties se compose cet ensemble de constructions jaunes, et surtout, roses.

Je citerai seulement, comme remarquables, les deux salles de réception : elles sont spacieuses et d'un beau dessin, mais les piliers sont en stuc, et nous avons pris l'habitude du marbre. Nous traversons ensuite d'immenses jardins bien entretenus, ornés de kiosques élégants et partagés en quatre parties par une croix grecque de bassins à jets d'eau sans eau, comme le *Paillon;* puis, nous arrivons au *buen-retiro* du prince, bâtiment à un seul étage d'un joli style hindou ; le salon principal est très richement décoré à l'européenne, les autres pièces sont à l'avenant.

Dans la salle de billards, le professeur de Sa Hautesse donne présentement une leçon de carambolage à son propre fils : — si ce *Vignaux* à turban était moins fort, je lui proposerais un *match*...

La face nord du palais donne sur un lac plein de tortues monstrueuses et d'énormes alligators. Les uns, vautrés dans le sable, ne dorment que d'un œil, d'autres flottent à fleur d'eau, comme des troncs d'arbres ; sur le dos de la plupart sont plantés des *chevaliers pieds rouges*, d'une espèce particulière, et autour d'eux, les tortues, plus remuantes, ne cessent d'agiter l'eau avec leurs moignons écailleux.

Un Indien, voyant l'intérêt que les sauriens nous inspirent, saisit un long bambou et court vers la rive en hurlant. Aussitôt grand branle-bas de coups de queues formidables, et salve de claquements de mâchoires à triples rangées de dents : oiseaux de s'envoler, et monstres de disparaître sous les eaux vertes.

Le *kraal* du palais renferme quarante éléphants, à l'avant-main soigneusement peinte, l'un d'eux est en rut depuis trois mois. Enchaîné des quatre pieds, il exhale sa rage par un *barrit* insupportable : — c'est *Vénus tout entière à sa proie attachée*...

En quittant le *Kraal*, nous jetons un coup d'œil sur la fauconnerie, puis nous nous rendons aux remises, contenant une vingtaines de voitures, dont huit de grand gala. Nous terminons enfin notre promenade par la visite des écuries.

Leur installation fait le plus grand honneur aux goûts hippiques du prince, car ses quatre cents chevaux sont confortablement logés dans des stalles en marbre et en stuc, ouvrant sur un immense tapis vert, bordé de *lices*. Du côté opposé, sont les appartements particuliers du Souverain, qui, de son balcon, surveille ses palefreniers, au nombre de huit cents.

Le tapis vert, entouré, extérieurement aux lices, de massifs de fleurs, sert à la promenade des animaux. Je remarque plusieurs belles bêtes de pur sang anglais, et de grands carrossiers australiens de 1^{m}70. A la porte des écuries, un détachement de la garde royale surveille les entrées et les sorties.

Je ne dirai pas grand'chose de l'Ecole des arts et métiers ni des autres établissements publics : c'est déjà beaucoup de les avoir créés (!).

Nous achevons notre journée par des achats d'armes et de pierreries, et par une tournée chez les *banquiers*, dont les émaux sur or ont une réputation justifiée.

Dans la soirée, on vient nous prévenir, de la part du résident, qu'un éléphant du Maha-Rajah nous attendra à sept heures du matin, à un kilomètre en dehors de la ville, sur la route d'*Ambâr*, ancienne résidence des souverains de *Jeypore*.

9 avril.

Donc, à six heures du matin, notre calèche nous emporte à travers la ville, où tous les dromadaires de l'Inde semblent s'être donné rendez-vous, dans la direction d'Ambâr.

A peine avons-nous dépassé les faubourgs verdoyants de la cité radjpoote, que le paysage change du tout au tout.

En face de nous se dresse la masse rocheuse dont j'ai déjà parlé; ses pics principaux sont armés de forts, et, entre eux, le long des crêtes, courent des murs crénelés semblables à des dos de caïmans. A notre droite, un palais en ruine, que le soleil levant transperce de ses rayons, mire sa façade dans un étang aussi *antipathiquement* peuplé que celui du palais. Plus nous avançons, plus le site devient sauvage.

Nous atteignons bientôt le carrefour, où nos éléphants nous attendent; je dis *nos*, car nous avons la bonne fortune d'être rejoints par M. et Mme *Lamalle (de Darjeeling)*, également pourvus d'un éléphant, de par le résident.

Notre monture, sollicitée par son mahout, s'abaisse sur le ventre en deux temps; un palefrenier applique, contre cette masse de cuir accroupie, l'échelle accrochée au *howdah**; nous franchissons six échelons. Ça y est : attention, et... cramponnons-nous.

Une violente secousse nous rejette en arrière: c'est l'avant-main qui s'est remise debout; puis un second à-coup nous bouscule en sens inverse : c'est *l'enlevée* de l'arrière-main. L'entresol est devenu premier étage; et maintenant : en route! Un *péon*, tout de rouge habillé, nous précède, armé d'un long bâton aux couleurs britanniques.

Quel roulis et quel tangage à chaque pas de notre pachyderme, peint de frais aux couleurs de Vishnou! Voilà un genre de locomotion parfaitement désagréable; mais, comme je n'ai pas l'embarras du choix, cela n'a pas d'importance.

La muraille rocheuse se resserre de plus en plus, et se transforme en une gorge étroite, coupée de deux enceintes fortifiées. En fait de végétation, une forêt de cierges, dont les tiges innombrables sortent de toutes les anfractuosités des rochers, et c'est tout; çà et là, quelques paons braillards courent le lézard.

C'est dans ces lieux sauvages que les *Radjpoots* ont tenu tête aux envahisseurs mahomé-

* Howdah, siège qu'on met sur le dos des éléphants.

tans, qui ne purent jamais les soumettre : ils n'ont pas été aussi heureux avec les Anglais!...

De ballottements en cahotements, nous arrivons au pied du palais d'Ambâr.

Ai-je dit que, pour atténuer l'insupportable chaleur, notre éléphant plonge, à chaque instant, sa trompe dans son estomac, et se donne du vaporisateur sous le ventre et sur les flancs?

Nous longeons bientôt un étang vaseux et non moins mal fréquenté que les deux premiers; de grands singes blonds, perchés sur les arbres, nous font leurs plus hideuses grimaces; puis la montée devient extrêmement raide et tortueuse. Nos éléphants soufflent comme des locomotives et stoppent enfin; ce n'est pas trop tôt!

Ambâr est presque toujours inhabité; ce qui s'explique facilement, étant donné que l'eau y est aussi rare que mauvaise.

D'ailleurs, à part la salle du Durbar, ornée de piliers, d'arcades et d'arabesques d'un goût parfait, les salons de repos, aux murailles incrustées de petits miroirs, un monumental pavillon et un kiosque très gracieux, ce palais ne présente rien de particulièrement curieux.

D'escalier en escalier, nous arrivons à l'entrée d'un chemin souterrain conduisant à une énorme tour, perchée sur la cime du rocher dominant

Ambâr; notre guide nous assure que c'est le *coffre-fort* du prince : je le veux bien. Au même instant, un essaim de guêpes fait irruption sur notre escorte d'Indiens court-vêtus... C'est une vraie déroute! Nous nous servons de nos ombrelles comme de boucliers; mais je jure qu'on ne me fera pas revisiter ce palais.

Comme nous revenons vers nos montures, un *croyant* apporte trois chevreaux noirs dans la pagode aux sacrifices, située à l'extrémité de la première cour : il y a deux cents ans, c'eût été trois jeunes filles*!... Nous emboîtons le pas derrière l'homme aux chevreaux.

Trois prêtres sont accroupis sur une sorte d'autel au fond du sombre sanctuaire, où nous pénétrons sans difficulté; à leurs pieds est un large trou creusé dans le marbre; près du trou est un tas de sable; enfin deux enfants se tiennent de chaque côté du sacrificateur, armé d'un sabre à lame large, d'un poids énorme.

Chaque chevreau est amené à son tour devant l'autel : un des prêtres le baptise trois fois et lui met des roses sur la tête; puis, l'un des enfants passe autour de ses cornes naissantes une

* Les Radjpoots célébraient les funérailles de leurs chefs par des sacrifices humains, et pratiquent l'infanticide des filles et le meurtre des veuves (Vivien Saint-Martin).

corde, qu'il raidit, tandis que l'autre acolyte tient la victime par les pattes de derrière.

Le bourreau se place de côté, fléchit sur les jarrets, relève la masse coupante, et, d'un seul coup, tranche la tête. La physionomie de la section et la façon dont le sang a jailli sont observées par les prêtres, — avec une attention proportionnelle... à la somme versée par le bénévole radjpoot.

Par trois fois, nous assistons à ce pénible spectacle; mais, l'heure avançant, sans savoir si le sacrifice avait été oui ou non agréé par le dieu, nous remontons à éléphant et nous regagnons Jeypore.

A peine revenus à Kaiser-Hind-Hotel, le *résident* vient nous rendre notre visite et nous inviter pour le lendemain matin à une chasse à l'antilope. — Nous aurions préféré rejoindre le Maha-Rajah, actuellement à la chasse au tigre avec toute sa maison; mais tant de difficultés se présentent pour arriver à nos fins, que nous préférons tout refuser, et partir le soir même pour *Ajmeer* et *Bombay*.

Nous arrivons à Ajmeer par un kamsin carabiné. Il est minuit; la chaleur est épouvantable. Notre thermomètre, mis à la portière du wagon, ne descend qu'à 31°, et le ciel est tellement ensablé que, le plein de la lune aidant, on se croirait coiffé d'une cloche de verre phosphorescente.

Pas de place au bungalow, pas d'hôtel, rien à boire, rien à manger, et peu de chose à voir, nous dit un inspecteur de chemin de fer. Mon compagnon de voyage veut quand même visiter cette ville; comme je n'y tiens nullement, nous nous séparons.

Je continue sur Bombay pour préparer notre installation à l'hôtel et notre voyage aux *temples d'Ellora;* de son côté mon ami s'étend sur sa couverture, au pied du mur de la station, pour achever cette pénible nuit.

Quand je le quitte, une couche de sable le recouvre déjà.

10 avril.

Au matin, je me réveille à demi asphyxié et à moitié enterré; le thermomètre marque 36°.

Nous contournons un dédale de montagnes granitiques, étoilées de paillettes de mica, et aux flancs desquelles les arbres à coton mettent des éclaboussures d'ocre. Presque tous les arbres sont garnis de nids en forme de longues bouteilles et couverts de nuées de tourterelles *poignardées;* quelques antilopes galopent à travers les halliers secs, puis s'arrêtent pour nous examiner. A partir de neuf heures, la chaleur m'accable tellement que je n'ai plus le courage de rien regarder.

A *Ahmedabad*, où je dîne à cinq heures du soir, deux ravissantes hindoues, appuyées l'une sur l'autre, me donnent du punka : cela me remet un peu, car rien n'est plus gracieux que la façon dont elles tirent le jonc bienfaisant, — en découvrant à chaque effort leurs poitrines dorées et fermes comme des pêches.

11 avril.

Au réveil, une brume humide et tiède a succédé à l'atmosphère silicieuse : changement de décors.

A droite, une forêt de cocotiers dresse ses plumets verts dans les nues; à gauche, le sol noir est pommelé de flaques d'eau, dont les surfaces miroitantes sont peuplées de hérons; un peu partout, des haies de cannes à sucre quadrillent les parties du terrain moins marécageuses. Ce sont les salins de Bombay : je touche au but.

A huit heures, après avoir salué la nappe bleue de l'océan Indien tout ensoleillé, notre train entre bruyamment dans une sorte de serre où il s'arrête ! — je suis en gare (*borée-bunder*) de Bombay.

Comment, au milieu de toutes ces fleurs, ne pas oublier de suite les steppes arides où je chevauche depuis trente-huit heures?

Un *gharry* m'a bientôt déposé à l'hôtel de l'*Esplanade*, immense construction en fer et en bois à quatre étages, transportée de Londres pièce par pièce.

L'emploi de ma journée du *Vendredi Saint* n'a rien qui puisse intéresser le lecteur, les magasins et les bureaux étant fermés en signe de tristesse; néanmoins, mon impression première est que Bombay me plaît infiniment plus que Calcutta.

Pendant que j'essaye de respirer un peu sur la terrasse de l'hôtel, un grand seigneur du Dekhan vient s'installer auprès de moi. Sa figure et sa tournure me rappellent exactement celles du *shah de Perse :* il porte une redingote et un pantalon en drap noir, brodés d'or sur toutes les coutures, un sabre superbe, et un bonnet surmonté d'une riche aigrette. Autre ressemblance : — les sorbets ne paraissent pas lui être antipathiques.

CHAPITRE XIII

Bombay. — Les Parsis. — Les femmes coolies. — Malabar-Hill. — Le jour de Pâques. — Les tours du silence. — Le marché. — Départ vers le Dekhan. — Nandgâum. — En Tonga-dâk. — Ellora. — Rosah et le tombeau d'Aureng-Zeb. — Les temples souterrains (Kaylas et Virouacarma). — Un dîner encore plus frugal que le déjeuner. — Retour à Bombay.

12 avril.

En attendant l'arrivée de mon ami, je prends la physionomie de Bombay * et je visite longuement la ville indigène, qu'un vaste emplacement, coupé en deux par une allée de *banians*, sépare du *Fort*.

Bombay, peuplée de 650.000 habitants, est bâtie sur une presqu'île, formée de la réunion arti-

* Chef-lieu de la *présidence* du même nom.

ficielle d'une série d'îlots, terminés au sud et au nord-ouest par deux langues de terre. La langue sud se nomme *Colaba*, l'autre est le promontoire de *Malabar-Hill*. La rade, qui est splendide, est comprise entre la côte est de la presqu'île et une deuxième chaîne gigantesque d'îles, aux flancs de peluche verte, formant un superbe décor d'opéra.

Je ne m'étendrai pas sur les races déjà vues, ni sur les habitations, ni sur les costumes, peu différents de ceux décrits, au fur et à mesure de ma galopade à travers l'Inde : je dirai seulement que les formes des turbans et leurs dimensions sont tellement variées, qu'on dirait d'une mascarade.

Deux mots sur les *coolies* et les *parsis*.

Le métier de portefaix est exercé ici par des femmes de basse caste (coolies); ces *poneytes* hindoues, pour mieux stepper, relèvent leur *langouti* entre les jambes jusqu'à mi-cuisses : ce dont personne ne se plaint, pas même moi; d'ailleurs, — rien n'habille comme une nuance de peau un peu foncée.

Les femmes *parsies**, au contraire, presque

* Les parsis, originaires de la Perse et de race purement aryenne, quittèrent leur pays au XIIe siècle, et débarquèrent sur la côte du Goudjerat (nord de Bombay); ils ont donné naissance à une communauté des plus florissantes. Les Parsis adorent le soleil et le feu. (Vivien-Saint-Martin.)

toutes aussi blanches que les Européennes, sont vêtues de robes de soie aux vives couleurs ou sont affublées du large pantalon musulman; elles portent en plus, à la vierge, un voile richement brodé et des babouches élégantes; leurs enfants, jolis comme *des cœurs*, sont couverts de bijoux et et de dorures. Quant aux maris de ces *beauties*, leur teint est plus bronzé, leur nez fortement aquilin, et ils portent des demi-favoris; par exemple, leur coiffure est remarquablement disgracieuse : elle consiste en une sorte d'affreux shako sans visière en carton étoilé.

Sans être beaux, les *parsis* ont tous l'air intelligent; hommes et femmes sont irréprochables de tenue et de conduite; enfin, ils se soutiennent les uns les autres, de telle sorte qu'il n'existe pas de pauvres parmi eux.

Voilà qui suffirait à faire l'éloge de ces commerçants de génie*.

A dix heures, je vais à la gare chercher mon compagnon de voyage, retour d'*Ajmeer*, dont il ne me dit pas merveille; je n'ai donc pas de regrets à avoir de ce côté-là. Nous consacrons une partie de la journée à courir les marchands,

* Les *parsis* tiennent entre leurs mains tout le commerce de l'Inde occidentale (Vivien-Saint-Martin).

puis nous allons faire notre persil à *Malabar-Hill*, la plus ravissante promenade de l'Inde. C'est une sorte de *Pausilippe* exotique et verdoyant, où tout une colonie de délicieuses villas est venue se blottir à l'ombre veloutée des lataniers que les *euphorbiacées*, les rosiers, les jasmins et les clématites géantes enlacent de leur puissant réseau.

Le consul de France y possède une habitation charmante dont madame *Follet* veut bien nous faire les honneurs avec une exquise amabilité.

Nous regagnons Bombay comme le soleil se couche.

A nos pieds, la cité se déroule en un demi-cercle bleuâtre, marqué en son centre par un groupe rosé de monuments pseudo-gothiques, présentement en pleine lumière ; tout au loin, Colaba se perd dans l'océan pailleté d'or, et en arrière de nous, au-dessus de la ligne sombre tracée par le promontoire, les palmiers se profilent sur le ciel enflammé comme des silhouettes d'œillets géants.

De Malabar, nous dirigeons notre promenade du côté de l'esplanade, où une musique de Cipayes charme les nombreux indigènes, à grands coups de grosse caisse.

Des babous à turbans roses à deux pointes s'y

promènent lentement, drapés dans leur mousseline ; d'autres, coiffés d'or, ont fait arrêter leurs équipages et écoutent d'un air indifférent ; sur la pelouse, des nourrices et des ayas accroupies jouent avec leurs babies ; sur les bancs circulaires, les dames parsies, auxquelles les Indiennes musulmanes font repoussoir, éventent gracieusement leurs rejetons, dorés comme des maréchaux ; enfin, en arrière des groupes, les hommes à *shako* lisent, aux derniers rayons du soleil, leur *Zend-Avesta* de poche, avec le plus profond recueillement.

Il y a dans cette foule une variété d'attitudes, de costumes, de figures et de manières d'être réellement indescriptibles, et nos froids vêtements européens n'y sont certainement pas à leur avantage.

Une seule chose me console néanmoins, — c'est que les coiffures des parsis sont plus ridicules encore que nos tuyaux de poêle.

13 avril, jour de Pâques.

A sept heures du matin, je pénètre, en quête de messe, dans une petite chapelle sise dans *Médous-Street*. A côté de moi s'agenouille un bel Indien, vêtu d'une ceinture et de deux colliers de coquillages ; son crâne rasé, surmonté d'une épaisse touffe de cheveux, le fait ressembler à un ananas.

A chaque instant, ce néophyte matérialise l'expression de sa foi par des gestes d'épileptique, ses voisins ne sont guère plus sobres de manifestations religieuses, et la partie féminine de l'assistance ne cesse de piailler archifaux pendant la cérémonie, qui est, dit-on, une messe. Comme je n'en suis pas bien sûr, je demande l'adresse d'une église réellement catholique ; on m'indique *Saint François Xavier*.

Dans ce temple, un prêtre de haute stature officie, avec une distinction extrême, à travers une buée d'encens striée de feu par le soleil ; du haut des voûtes se balancent, comme des encensoirs célestes, ou mieux, comme de gigantesques métronomes, de blancs punkas rythmant les chants des soprani, et, alternativement, les orgues répandent sur le plain-chant de l'assistance l'appui de leur faux bourdon. — Je ne regrette certes pas la précédente cérémonie !

Le soir, nous continuons nos études de mœurs, cette fois, le long de la plage jusqu'à Colaba, et nous revenons, à travers les cantonnements anglais, à *l'hôpital de la Marine* et au *quai d'Apollon*.

Le *quai d'Apollon*, à forme de vaste rotonde, n'est autre chose que l'embarcadère de Bombay. Tout proche est situé un restaurant bien tenu, flanqué d'un kiosque où un orchestre indigène joue, tous les soirs : ce qui permet de manger en musique, en contemplant une des plus belles rades de l'univers.

14 avril.

En parlant des *parsis*, j'ai omis de dire qu'au lieu d'enterrer leurs morts comme les musulmans, ou de les brûler comme les Hindous, ils les font dévorer par des vautours. Ce déchiquetage funéraire s'opère sur le sommet des *tours du silence*, où sont exposés les corps des défunts.

Munis, de par les soins du consul de France, de l'autorisation nécessaire pour pénétrer en cet étrange cimetière, construit au point culminant de *Malabar-Hill*, nous montons en voiture, à six heures du matin, pour nous y rendre.

Que ne sais-je exprimer combien *Malabar-Hill* est ravissant à cette heure matinale, avec ses bouquets d'arbres dont le soleil, à son petit lever, rosit graduellement les cimes, tandis qu'une brume bleuâtre estompe le pied des massifs verts, où les fleurs de toutes nuances se marient dans un scintillement de rosée.

Au bout de quarante minutes, nous arrivons, par une route serpentante à travers un dédale de jardins et de bosquets délicieux, à la porte du lieu funèbre. Un gardien nous salue, prend notre laisser-passer, et nous conduit dans un vaste jardin, au centre duquel trois tours, élevées à peine de dix mètres au-dessus du sol, étalent leur massive rotondité.

La plate-forme circulaire du sommet est partagée en trois zones concentriques, légèrement inclinées vers un puits central, communiquant avec un souterrain cruciforme. Un grand nombre de rigoles rayonnent de la plate-forme vers le puits, afin de permettre l'écoulement du sang.

Sur la zone correspondant au plus grand rayon, les prêtres exposent les cadavres des hommes, la suivante est consacrée aux femmes et la dernière aux enfants. En moins de quinze minutes de déchiquetage par les vautours, il ne reste du défunt que le squelette entièrement nettoyé. Les prêtres jettent alors ces ossements dans le trou médial.

Une réduction en plâtre placée sous nos yeux, en face même des originaux, nous permet de suivre parfaitement les explications du gardien.

Je compte sur le rebord des tours plus de cent vautours attendant philosophiquement leur lugubre ration, quelques autres plus impatients décrivent dans l'air de grands orbes scrutateurs. Ce sont des oiseaux d'une espèce particulière : leur plumage est marron, leur gorge blanche, et leur taille inférieure à celle des vautours communs, — avec lesquels ils ne se galvaudent jamais.

Notre guide nous dit que, pendant les épidémies, ils rechignent beaucoup à la besogne, à cause de la qualité inférieure de la viande, et que les prêtres sont obligés parfois d'activer leur appétit à grands coups de bâton : — cet apéritif *en barre* fait ma joie, et l'*amer Picon* n'a qu'à bien se tenir à mon retour en France.

Cependant, huit heures sonnent; comme c'est l'heure consacrée à la funèbre exposition, les vautours commencent à *se mobiliser*, ainsi que cela se passait jadis dans nos écuries, à la sonnerie de la *botte*.

Malheureusement, nous recevons poliment l'ordre d'avoir à en faire autant; aucun païen n'ayant le droit d'assister à l'enfouissement intestinal des feus sectateurs de *Zoroastre*.

Nous nous rabattons donc sur le grand marché, construit entre la ville blanche et la ville noire, mais plus près de cette dernière. Ce sont de splendides halles en marbre, briques, et fer, séparées les unes des autres par de délicieux jardins, dont les senteurs triomphent presque des âcres odeurs du poisson et des viandes.

Outre ces deux produits alimentaires essentiels, on y trouve tous les fruits, toutes les fleurs, tous les oiseaux et toutes les denrées de l'extrême Orient, achetés, vendus et marchandés par une multitude aux types tellement variés, qu'on se croirait en plein carnaval.

Certainement ce marché, où il est, par parenthèse, défendu de fumer, est la chose la plus curieuse de Bombay.

Nous revenons au fort par la grande artère passant devant le *rempart row*, où nous remarquons, au milieu d'un rond-point entouré d'arbres, une très belle statue de Sa Majesté la reine Victoria, représentée sur son trône, en grande tenue d'impératrice des Indes, sceptre au poing et diadème en tête.

Plus près du fort, se trouve le magnifique hôtel de la poste et du télégraphe, puis, échelonnées le long de l'esplanade, faisant face à l'est, la *Haute Cour*, l'*Université*, la *Bibliothèque*, etc., etc.

Tous ces superbes monuments, de style gothique mélangé de romano-byzantin et de vénitien, sont réellement des *modèles* en leur genre. Une tour à carillon, haute de 70 mètres, domine ces constructions; à leur pied est un vaste square bordé de manguiers: enfin, entre ce square et celui de l'Hôpital de la Marine, dont j'ai déjà parlé, s'étend une vaste place ornée d'une fontaine et de la statue équestre du prince de Galles.

A mon arrivée à *Bombay*, j'avais fait écrire au babou, maître de poste de Nandgâum*, pour l'informer de notre désir de visiter les temples d'*Ellora* et le prier de nous répondre télégraphiquement.

Nous trouvons, à notre retour à l'hôtel, un télégramme de ce babou nous annonçant qu'une *tonga-dâk*** et seize relais sont à notre disposition.

A cinq heures donc, malgré la température insupportable, le *mail* de Calcutta nous emporte vers le *Dekhan*.

15 avril.

Après dix heures de railway, nous arrivons à *Nandgâum :* pas plus de *tonga-dâk* que dans mon œil. Il est deux heures et demie du matin, et la

* Station sur la grande ligne de Calcutta à Bombay.

** Voiture de poste.

lune, jaune comme un coing, a l'air de ricaner : — moi aussi, je ris... jaune !

Nous tempêtons après le personnel de la gare qui n'en peut mais ; notre *Boulouh* ne sait où donner de la tête ; en revanche, *Beylié* donne du poing un peu partout ; enfin arrive le maître de poste, suivi à distance de sa *tonga*.

Sans se laisser intimider par notre exorde véhément, ce personnage nous demande un prix ridicule pour notre transport ; nous tenons bon, puis notre altercation arrive à un tel paroxysme d'animation, que le babou finit par céder. Mais il nous faut payer la moitié d'avance. Ce contrat adopté, nous nous entassons dos à dos sur la boîte à deux roues et à deux rosses, rembourrée avec des noyaux de pêches, nommée *tonga-dâk*.

Notre coacheman hurle et *sacre* comme un sauvage qu'il est, se démène comme un diable qu'il sera, cogne à tour de bras les flancs retroussés de ses deux malheureux *hindoustanis*, qui ont l'air d'être en carton, tellement ils sont indifférents à tout ce tapage et à toutes ces brutalités. Tout à coup, cependant, ils partent au galop : j'ignore encore pour quelle cause ils se sont décidés à prendre cette détermination, mais, du coup, la lune s'en est voilé la face.

Je fais grâce au lecteur des secousses, des à-coups, des chocs, des bousculades et des tapes que nous subissons !

Une seule chose nous console, c'est que, grâce au supplice de la transpiration perpétuelle, nous pourrons être archimoulus, sans arriver jamais à attraper une courbature.

Autour de nous, le pays semble désolé et inculte ; seuls quelques paquets noirs, par-ci par-là, nous indiquent la présence d'arbres rabougris ; bientôt le paysage devient gris, puis blanchâtre, puis jaune : — le soleil est à son poste.

Nous relayons toutes les vingt minutes ; à l'approche des relais, notre cocher joue d'un odieux cornet ; des corps étendus sur des couvertures en lambeaux se lèvent à contre-cœur, remplacent nos *chèvres* fatiguées par deux autres, non moins étiques, puis se recouchent.

Nous traversons plusieurs cours d'eau, affreusement ravinés, dont nos bêtes seraient impuissantes à nous tirer, malgré les imprécations de leur conducteur, si nous ne nous mettions de la partie ; nous descendons, puis nous remontons pour redescendre encore ; si nous ne versons pas, c'est que nous avons soin de sauter à terre au moment où cet événement va se produire.

Bref, après avoir traversé un village fortifié, par *Mathusalem* tout au moins, et qui semble hanté par des ombres, tellement ses habitants sont maigres, nous arrivons à la monumentale pagode d'*Ellora*, étrangement sculptée, puis au pied d'une chaîne de collines, où nous apercevons les bouches édentées des célèbres *hypogées*.

Il est onze heures; nous sommes sur le territoire de S. H. le *Nizam* et dans le bassin du *Godavery*, tributaire de la côte de *Coromandel*.

Il nous faut prendre notre courage et nos ombrelles à deux mains pour gravir, à pied, le plateau sur lequel est perché le bungalow. Nous y parvenons sans insolation, mais la chaleur a racorni nos provisions; nos sardines en sont réduites à l'arête, nos deux poulets sont devenus merles, et de nos œufs durs il ne reste plus que le jaune; notre fromage, — seul n'a pas modifié son odeur.

Après ce frugal repas arrosé de quelques *pegs*, nous allons visiter le tombeau d'*Aureng-Zeb* * : — dans un pays où le moindre vizir possède un mausolée, un si grand empereur méritait mieux certainement !

* Empereur mogol (1658-1707).

Le village de *Rosah* que nous parcourons ensuite n'offre rien de très curieux, en dehors de ses habitants à l'œil sauvage.

De retour enfin au pied du plateau, nous pénétrons dans la principale excavation, dite *Kaylas* (paradis).

Ce merveilleux temple, creusé dans le roc * comme ses nombreux voisins, est le seul qui ait pour voûte le ciel : la génération qui l'a conçu a voulu — faire immense, et pour cela, elle a taillé dans la montagne, depuis le bas jusqu'en haut, un bloc colossal de 27 mètres de hauteur sur 45 mètres de largeur et 129 mètres de profondeur (y compris le portique de l'entrée).

On pénètre d'abord sous un portique, puis, par une sorte de pont, dans un pavillon carré en forme de pagode, dont les pilastres énormes reposent sur des éléphants. C'est dans cette pagode qu'est caché le sanctuaire *dravanien* flanqué, latéralement, de deux obélisques superbes ; tout le pourtour de la cour est orné de galeries couvertes, merveilleusement décorées ; enfin, les parois, les voûtes, les piliers et les assises sont surchargés de sculptures d'une finesse extrême et d'un dessin parfait. Les groupes sont souvent

* Ce roc est, en réalité, du tuf d'une extrême dureté.

obscènes, mais ils dénotent chez leurs auteurs une telle science artistique qu'on est presque tenté de les excuser.

Carpeaux a dû évidemment s'inspirer d'Ellora !

Dans l'intérieur du sanctuaire, *Çiva* et l'aimable *Vishnou* * étalent sur les murailles leurs nombreux *avatars* ** en bas-reliefs puissants.

On reste confondu, en considérant froidement ce qu'a dû coûter de temps et de travail un semblable monument, et l'idée seule de sa conception obsède le raisonnement.

Sur une longueur de 2 kilomètres, la colline est trouée de temples du même genre, mais de formes différentes ; les uns sont à deux étages, les autres à trois ; quelques-uns n'ont qu'une seule nef, quelques autres sont plutôt des colonnades que des temples. Les cryptes, creusées par les *bouddhistes*, se distinguent par leur simplicité et par leurs fresques, entre autres celle nommée *Vironacarma* nous frappe particulièrement : c'est une véritable église, à voûte en forme de carène de navire, et à nervures régulières soutenues par une quadruple rangée de piliers.

* Dieu consolateur.

** Incarnations.

Le dieu adoré en cet endroit semble rouler ses énormes yeux d'or au fond du sombre lieu, comme les prunelles d'un tigre monstrueux. — Je comprends l'effet produit sur les timides hindous par de semblables lunettes!

De temps à autre surgissent de ces antres obscurs, avec des frôlements de chauves-souris, des brahmes terreux et muets, à l'œil plus sauvage encore que ceux de leurs divinités, mais la main toujours demi-tendue et prête à recueillir l'aumône du visiteur européen ou du pèlerin hindou.

On sort de ces excavations profondément impressionné, et, malgré soi, on suit, en imagination, les cérémonies étranges, les sacrifices sanglants et les orgies effroyables des siècles passés, quand tout un peuple, affolé de superstition, s'efforçait de prouver son fanatique attachement aux dieux ou aux fractions de dieux, auxquels il avait dédié ces sanctuaires.

Tout est maintenant calme aux grottes d'Ellora, presque désertées pour la *Mecque!*

Ce n'est pas en vain que Mahomet a promené triomphalement son croissant, comme un scalpel, à travers les viscères du *Rig-Véda* * et de la

* Document religieux le plus ancien connu (6.000 ans avant J.-C).

triade divine *. L'Hindou n'a fait que changer de fanatisme ; mais les mosquées se sont emplies au détriment des pagodes et des temples ; là où l'Inde entière venait solennellement se prosterner, le désert s'est fait, et les conquérants musulmans, armés de leur *bon billet* religieux, se sont taillé, dans la magique *Hind*, le plus somptueux des empires.

Puis, — est venue Albion, *la grande accapareuse.....!*

Si les protestants ont mis d'accord pour l'instant *coran*, *triade* et *nirvâna* **, je ne crois pas que le fanatisme ait dit encore son dernier mot. En attendant, d'épaisses broussailles mettent à l'entour de ces repaires du brahmanisme comme des barbes de vieillards, les ramiers piétinent en roucoulant les dalles miraculeuses, et les perruches à voix humaines semblent s'esclaffer de rire devant ce *grand Tout* — qui n'est plus rien.

Tout en faisant ces réflexions, nous arrivons au bungalow rudimentaire, situé non loin du *Kaylas*, où des Indiens ont transporté les restes de notre repas du matin.

Notre table est ultra primitive : un fond de

* Brâhmâ (Dieu créateur), Vishnou (Dieu conservateur), Çiva (Dieu destructeur).

** L'âme universelle du Bouddhisme.

caisse soutenu par trois petits Indiens agenouillés, de vrais amours de bronze aux yeux d'onyx. Quant à notre dîner, les queues des sardines du déjeuner en font les frais.

Nous payons la roupie réglementaire au gardien du bungalow; puis, nous apposons nos signatures sur le registre tenu par ordre du Nizam. J'y relève, avec plaisir, le nom de M. *Cotteau* dont le livre si intéressant*, si remarquablement écrit, et si exact, nous a précieusement servi de *Guide-Diamant* dans notre voyage.

A six heures, nous regrimpons en *tonga* pour l'expiation de nos péchés passés et futurs, et, à deux heures et demie du matin, Nandgâum nous revoit moulus, harassés, broyés comme un pâté d'anguilles... Dire qu'il nous reste encore à parcourir trois cents kilomètres environ pour atteindre Bombay!... *Go a head*, quand même!

16 avril.

Donc, une demi-heure après notre course folle en *saladier-dâk*, nous remontons en wagon, et, à deux heures de l'après-midi seulement, nous arrivons à Bombay, après avoir fait, par

* *Promenade dans l'Inde et à Ceylan.*

une température constante de 36 degrés (à l'ombre, bien entendu) une randonnée de cinquante-sept heures, sans débrider, sans nous reposer et presque sans manger.

Pour nous délasser, nous allons dîner en gala à *Malabar-Hill*, chez M. le consul de France, non toutefois sans avoir retenu, pour le lendemain matin, deux places à bord du petit vapeur faisant le service de l'île d'*Éléphanta*.

CHAPITRE XIV

La rade de Bombay. — L'île d'Éléphanta. — Son temple. — Vue ravissante. — La folle du logis en gestation. — L'hôpital des animaux. — L'hôtel de l'Esplanade. — Distribution des prix aux volontaires. — Un tapis de corps humains. — Adieux à Râmjhann et à Boulouh.

17 avril.

DÈS le lever du soleil, nous embarquons en assez maigre compagnie sur la chaloupe en question.

Rien n'est beau comme cette rade de Bombay, constellée d'embarcations et de navires de tout tonnage et de toutes mâtures, avec son immense ceinture d'îles moussues.

L'un des grains de cette sorte de chapelet est l'île d'*Éléphanta;* nous l'atteignons au bout d'une heure de navigation admirative.

A peine débarqués, de jeunes Hindous, au type ravissant, nous offrent, qui des crevettes d'une espèce particulière, qui des coléoptères ressemblant à des tortues ailées, et enfin, des cannes et des grains rouges dont les Indiens se font des colliers.

Au centre de l'île, une montagne à deux sommets rocheux émerge de la verte fourrure de palmiers; c'est dans le flanc de ces rochers qu'est creusé le fameux temple. Nous attaquons un escalier de granit très raide, et, en haut de cette sorte d'*échelle de Jacob* à quatre cents échelons, nous trouvons le cottage du Saxon gardien du temple. Moyennant une faible rétribution, ce *pipelet védique* nous délivre le *ticket* réglementaire et se met à notre disposition.

Nous pénétrons par une large ouverture, ornée de quatre piliers massifs, dans une salle souterraine de quarante mètres carrés; le plafond plat est soutenu par de nombreuses colonnes cannelées, dont les chapiteaux à figures hiératiques rappellent ceux de l'ancienne Égypte; toutes les parois de ce sanctuaire sont recouvertes de sculptures d'un très fort relief, ayant trait aux exploits de la triade indienne, et surtout, aux *performances* de *Çiva*.

Ces statues sont colossales, mais inférieures comme expression et comme attitudes à celles d'Ellora ; de plus, la plupart sont en partie dégradées.

Deux cours flanquent cette étrange colonnade : celle de gauche, appelée *cour des Lions*, précède un sanctuaire en forme d'alcôve dans lequel était adoré le *lingam ;* la borne symbolique de *Çiva* est toujours à sa place, mais les lions qui la gardent sont modernes.

Comme je redescends vers la plage à travers bois, deux petits Hindous, aux yeux inoubliables, s'empressent de battre les buissons devant moi, pour en faire s'envoler les oiseaux et fuir les serpents. Je m'aperçois bientôt que je suis plus blanc que la *blanche hermine :* les arbres à coton secoués au passage m'ont joué ce tour, fort innocent d'ailleurs.

Tout en secouant mon duvet argenté, je m'arrête, à chaque échappée de forêt, pour admirer encore, à travers le cadre élégant des palmiers, cette merveilleuse rade de Bombay, resplendissante d'azur et d'or, et chaque fois je la trouve plus belle. — Ami, qui me lisez par complaisance, allez à Éléphanta !

Cependant la belle nature me fait totalement oublier compagnons et déjeuner. La *folle du logis*, en mal d'enfant, va accoucher d'un nouveau *Robinson Crusoë*... Pourquoi le *hurleur* de notre vapeur vient-il brutalement interrompre cette naïve gestation ?

Adieu donc, île charmante! adieu, mes deux petits *Vendredi* d'un instant!... adieu mon rêve à peine commencé ! et attaquons le champagne: — car je suis déjà à table et notre chaloupe fend, à toute vapeur, les flots irisés, au son trivial de notre orchestre de couteaux et de fourchettes.

Notre déjeuner est à peine fini, que nous sommes de retour à Bombay.

On sait que toutes les bêtes, même celles qui ne sont pas divinisées ou *fétichisées*, jouissent dans l'Inde d'une grande considération ; aussi est-il naturel que les animaux malades ou malheureux, et que les vieillards ou les orphelins de cette caste d'être simplement organisés, aient un hospice gratuit... naturellement, où ils reçoivent tous les soins mérités par leur triste situation.

Cet hôpital existe, en effet, au centre même de la ville indigène. En réalité, on ne peut rien voir de plus dégoûtant, de plus puant et de plus grotesque que ce lieu, dont l'entretien est très onéreux ; car non seulement on y reçoit les animaux malades, mais aussi ceux bien portants, qu'un fanatisme quelconque arrache au couteau du boucher, par exemple.

Je ne veux pas énumérer toutes les catégories de bêtes que j'y vois ; je citerai seulement un aigle gâteux, qui s'obstine à vouloir se casser la tête contre une muraille, et un cerf à moitié *moisi*, couvert de plusieurs épaisseurs de mouches. D'autres bêtes, — à deux pattes et à turban, — vont, viennent, donnent un remède à l'un, un supplément de ration à l'autre, sans perdre de vue les agonisants, afin, sans doute, de les assister à leur dernier soupir.

Tolérer un semblable foyer d'infection au centre d'une ville, déjà passablement malsaine par elle-même, paraît être absurde au premier abord ; mais la révolte de 1857 a rendu le gouvernement anglais très circonspect en matière de traditions indigènes : voilà la raison de l'existence autorisée de cet établissement de *philanthropie animale*.

Vous ai-je dit que nous avions retenu nos places pour le 20, sur un très beau paquebot de la Compagnie nationale, *le Canton ?*

En quittant l'hôpital des bêtes, nous allons

donc faire la reconnaissance de notre future prison, et nous revenons, aussi enchantés de l'excellent accueil du capitaine *Danel*, que des vastes proportions de nos cabines.

Deux mots sur l'hôtel de l'Esplanade dont j'ai à peine parlé. Le service y est très bien fait par des *métis* hindo-portugais, vêtus d'une veste et d'un pantalon blancs; ils sont petits et laids, mais intelligents comme des singes, et ont l'air d'être extrêmement flattés quand on leur donne du *babou*.

Les appartements de l'hôtel sont bien compris et très propres; enfin la salle à manger est monumentale, les menus variés, et les vins excellents. Le coup d'œil de la table d'hôte est surtout féerique, avec les immenses punkas balancés en tous sens, le va-et-vient continuel des innombrables serviteurs, et les rangées de boys, de toutes livrées et de tous types, immobiles derrière leurs maîtres.

Vers huit heures du soir, nous nous rendons au jardin public *du Musée*, sis à l'extrémité nord de la ville, où a lieu la distribution de prix de tir aux *volontaires* de la colonie.

Les belles allées du parc sont illuminées de lanternes vénitiennes et de lampions, qui rivalisent d'éclat avec les verres luisants. Sur une estrade trônent les autorités, flanquées de leurs *moitiés*.

Un général, en tenue rouge et stick en main, ouvre la séance pas un speech aussi cahoté que l'idiome anglais l'exige ; les volontaires y répondent par trois salves de hurras. Au général succède un colonel ; son discours a exactement le même succès ; une mistress ou une lady riposte : même ovation ; puis, après deux autres speechs également harmonieux pour nos oreilles françaises, un *gros bonnet* militaire fait l'appel des lauréats.

Comme cela nous importe peu, nous regagnons nos pénates, non toutefois sans avoir fendu et refendu, en tous sens, la foule bigarrée, où nous remarquons plusieurs *parsies* idéalement jolies. La fête doit se terminer, nous assure-t-on, par un bal : — un bal, en semblable canicule ! Que *Terpsichore* les patafiole !

Pour rejoindre notre voiture, il nous faut marcher, pendant plus de cent mètres, sur un véritable parterre de corps humains. Il fait si chaud, que tous les indigènes dorment à demi roulés dans leurs pagnes, côte à côte sur les trottoirs de leurs maisons. Ils doivent d'ailleurs avoir l'habitude d'être ainsi piétinés, car aucun et aucune n'accusent réception de nos semelles où qu'elles se posent ; et cependant, — la force de l'habitude fait que malgré moi je dis : *pardon*, quand... j'appuie trop fortement.

18 avril.

Je consacre cette journée à trop de choses insignifiantes pour les mentionner ici.

19 avril.

Dès le matin, nous transportons nos colis à bord du *Canton*, et nous ne revenons à l'hôtel que quand tout est installé dans nos nouveaux appartements ; puis nous congédions nos boys, après avoir rempli leur bourse de plus de roupies qu'ils ne nous en ont demandé, et leur avoir délivré un certificat de haute satisfaction. Leur couche de bronze est trop épaisse pour lire en eux : nous regrettent-ils ? Je l'ignore et l'ignorerai toujours ; mais mon fidèle Râmjhann ne m'a pas plus tôt quitté, — que j'ai une envie folle de le rappeler.

Ma journée s'écoule en courses obligatoires, en visites d'adieux et en promenades à la paresseuse, en zigzag, à travers Bombay, afin de m'imprégner complètement de cette couleur asiatique que je me reproche de ne pas suffisamment regretter.

Hélas ! c'est bien vrai ! *tout passe, tout lasse*, et cependant, l'inconstance est encore le moindre de mes défauts !

CHAPITRE XV

A bord du « Canton. » — Inde, adieu ! — Un beau bras est bien fort. — La vie à bord. — Je vide mon block-notes (cuisine hindo-anglaise, installations dans les bungalows, Caste-Richer et tenue des comptes aux Indes).

20 avril.

J'ÉPROUVE, au réveil, une véritable satisfaction à penser que, dans quelques heures, je voguerai vers la France.

A dix heures, je secoue sans regrets, sur la dernière marche de l'embarcadère d'*Apollon*, la semelle de mes bottines, et, quelques instants après, mon compagnon de voyage me retrouve à bord, hypnotisé devant un bras terminé par une main, que *Phidias* ne désavouerait certes pas.

— Allons, la traversée s'annonce joyeuse !

Le temps est superbe d'ailleurs. L'océan Indien a mis des gants pour nous recevoir ; — pourquoi Phébus a-t-il oublié son écran ?

Après un grand bruit suivi d'un silence, *le Canton* a tressailli. Bombay semble fuir loin de nous vers les innombrables navires de sa rade ; ses îles veloutées disparaissent insensiblement dans l'onde bleue ; *Malabar-Hill* n'est bientôt plus qu'une ligne verte ; *Colaba* n'est plus qu'un point rose...

. . . .

Patrie mystique du divin *Lotus*.... Terre magique, où *quatre mille dieux n'ont pas trouvé d'athée*... adieu. . . . .

En retrouvant l'océan Indien, de pénible mémoire, mon cœur éprouve une certaine émotion bien légitime ; — cependant nos épanchements ne dépassent pas les limites d'une réserve pleine de... retenue.

Je ne présenterai pas au lecteur les divers passagers du *Canton*, n'aimant pas, inutilement, à faire de personnalités ; qu'il me suffise de dire que ma première impression à table est excellente : car le beau bras, dont j'ai parlé plus haut, s'est doublé d'un jumeau non moins bien tourné, et tous les deux appartiennent à une femme charmante : *je ne saurais, pour un empire, vous la nommer ;* ne sachant pas son nom... encore.

Au soir, étendu sur ma chaise longue, je me remémore notre galopade à travers le pays hindou et ses phases diverses, encore trop surchargées de couleurs pour en former un tout acceptable ; mais je compte bien qu'avec l'éloignement ses teintes pâliront, et je me promets d'essayer de faire quelque chose, avec ce qui en restera.

Pendant que je philosophe ainsi, à demi perdu dans le vague des souvenirs, les vergues énormes, étendues dans la nuit, m'apparaissent comme de fantastiques gibets auxquels sont pendues les étoiles, et, en face de ce *Montfaucon* sidéral, la *Croix du Sud* semble se dresser en signe d'espérance... (!)

Ce n'est pas rien que d'avoir tantôt trois mois de soleil tropical sur le cervelet ; le lecteur doit s'en apercevoir facilement ce soir ; aussi je vais de ce pas me coucher : bonsoir...

. . .

21 avril.

Peut-être mon unique lecteur n'a-t-il jamais fait une longue traversée ? Je vais, en tout cas, lui narrer, le plus brièvement possible, l'emploi d'une journée à bord, dans ces parages tropicaux.

Généralement, à cause de l'extrême chaleur, tout le monde dort sur le pont ; donc, dès dix heures du soir, quand il n'y a pas bal, chacun transporte ou fait transporter sa *fourniture* où il veut, ou plutôt où il peut. Il y a, en général, le côté des femmes (ce sont encore les maris qui ont imaginé cela !) et le côté des hommes ; quand il y a du roulis..., on fusionne. — Ceux qui n'ont pas le mal de mer sont alors rois... N'est-ce pas, Beylié ?

Dès cinq heures du matin, l'équipage arrive avec tout son attirail de pompes, de seaux, etc., etc. Devant l'imminence des cascades, un grand déménagement se produit : les laveurs restent maîtres de la situation, et je vous assure qu'ils en usent, et en abusent.

Si on restait un jour sans laver le pont, je parie qu'il y aurait plusieurs suicides au gaillard d'avant.

Chacun, descendu dans sa cabine, procède à sa toilette et à son bain ; les hommes déjeunent ensuite au salon, en échangeant force *good morning* ; quant aux dames, elles dégustent leur café au lait, dans leurs appartements resserrés.

La tenue régulière n'est obligatoire qu'à partir

de huit heures. Donc, en attendant cette heure réglementaire, le sexe laid se donne de l'air et du mouvement, nu-pieds et en déshabillés aussi légers que différents de formes et de couleurs, suivant que le porteur arrive du *Japon;* de la *Chine*, de l'*Australie*, ou des *Indes*.

Vers neuf heures et demie, quelques voyageuses émaillent le pont ; on fait la chasse aux chaises longues, que les féroces laveurs ont effarouchées ; on s'informe des santés, on embrasse les enfants ; bref, on s'évertue à être utile. Si on est en délicatesse, à propos de *philippines* échangées la veille, on surveille la cabine de l'adversaire privilégiée, afin de la surprendre et d'exiger d'elle une toute petite faveur, et, vice versa. Enfin la cloche sonne : le déjeuner est servi. Le capitaine, qui est naturellement le président de table, salue d'écharpe les deux rangées de voyageurs ; ceux-ci ripostent en biais, et la mastication commence.

Quoiqu'on mange beaucoup à bord, la nourriture y est en général mauvaise. C'est quelquefois la faute du cuisinier ; mais le meilleur chef ne peut pas faire que des conserves soient autre chose que des conserves, et les animaux sur pied, qu'on tue de temps à autre, sont toujours ou trop durs ou trop faisandés. Tout cela n'empêche pas de fonctionner ferme et de boire sec : car le vin, lui au moins, est le triomphe de la... conserve, surtout quand il provient des caves, hors concours, de la compagnie des Messageries maritimes.

Après le déjeuner, les uns arpentent le pont comme des zèbres, pour digérer plus vite ; les autres adoptent la position horizontale, qu'ils croient préférable pour le tassement des aliments (ce sont les deux écoles) ; d'autres fument à désespérer la machine ; d'autres encore font des niches ou des surprises ; puis chacun attaque son occupation favorite, ou *pique son petit chien*.

A midi, *great attraction*... on va lire le *point* affiché et féliciter ironiquement l'heureux gagnant (ce n'est jamais moi), si on a institué une *poule ;* puis, reprise des lectures, du *flirtation*, et des sommes.

A deux heures, *dreling ! dreling ! dreling !* c'est le tea fine : on *remange* (pour changer), d'aucuns même dévorent. En ai-je aligné des pots de marmelade !... Il est vrai que, la plupart du temps, c'étaient les poissons qui en profitaient finalement. — Néamoins, le *prophète* a eu raison de dire : *mangez, mangez..., il en restera toujours quelque chose*.

On achève la journée dans le même style ;

quelquefois cependant on organise des jeux de barre, de *poussing* ou de palets, des *steeple-chases*, des courses plates, etc., etc.; ou bien, le capitaine fait la surprise d'un simulacre d'incendie, pour maintenir l'équipage alerte.

Cette cérémonie ayant le don de taper considérablement sur les nerfs du sexe faible, on redouble ensuite de petits soins, pour rétablir l'équilibre de l'*énervation* chez les trop impressionnables voyageuses.

A cinq heures et demie, on procède à la toilette du soir; l'habit n'est pas de rigueur, mais une redingote ou une jaquette fait bien, le beau sexe y figurant en atours recherchés; quelques élégantes même arborent une fenêtre plus ou moins grande, — suivant que leur conscience est plus ou moins chargée. Ces jours-là, le repas est plus gai et on se sent meilleur; enfin, après le dîner, on remarche, on recause, on refume, on rejoue; il en est même qui attendent avec une certaine impatience la tombée de la nuit, pour pouvoir *flirter* plus à leur aise, et de plus près : *shoking !!*

A neuf heures, on sonne de nouveau pour le thé, qui dégénère souvent en tea fine nocturne; on revêt enfin les vêtements de fantaisie dont j'ai parlé plus haut, et chacun s'en va coucher.

Quand il y a bal, eh bien ! on danse en serrant... discrètement sa danseuse, et voilà !

Ai-je été assez bavard? heureusement que j'avais promis d'être bref.

Ce soir précisément, nous avons dansé jusqu'à minuit, et je vous assure que je m'en suis donné.....!

A propos, je sais le nom de la fée aux beaux bras. Mais rien que son nom!

22 avril.

Jamais je n'avais attaqué un lancier aussi échevelé que celui de ce soir, ni une *gigue* aussi interminable. Après le bal, nous nous donnons même un concert vocal et instrumental : — chacun y va de sa petite spécialité.

23 avril.

En relisant mon *block-notes*, j'y relève quelques pages détachées, et, comme je n'ai rien à faire et que je m'ennuie à contempler l'Océan impassible, je les intercale ici : qu'on me les pardonne.

J'ai dit, au début de mon voyage, que les Anglais me faisaient l'effet d'ignorer absolument l'art de *Brillat-Savarin ;* maintenant que j'ai tâté pour tout de bon de leur cuisine *feugienne*, je maintiens ferme mon affirmation.

Et d'abord, aux Indes, tout mets doit être abominablement compliqué pour être déclaré acceptable : c'est une règle absolue.

Je n'énumérerai pas les différentes catégories de *conglomérats* culinaires qui se succèdent, sans ordre et sans raison, tout le long du repas, ni le détail des traitements indignes subis, en dernier ressort, par ces *mosaïques* comestibles déjà si fort maltraités en cuisine ; je me contenterai de dire que chaque fraction de viande, de pain et de légume, n'est avalée que lorsqu'elle a été badigeonnée de toutes les horreurs entassées sur les tables. Le pain lui-même (*rara avis* *), avant d'être semblablement recouvert de fresques, est coupé en tranches tellement minces qu'elles se dessèchent instantanément ; le fromage est soumis aux mêmes outrages, ce qui le rend immangeable ; quant au potage, la seule préparation passable, on en sert la valeur d'un dé à coudre, et si on en redemande, on est considéré comme le dernier des mal appris.

Je ne dis rien du *curry*, plat indien archi-

* Les pommes de terre bouillies tiennent, la plupart du temps, lieu de pain.

connu, où l'on fait entrer jusqu'à quinze ingrédients différents, et que l'on mange avec du poisson sec *(bombay-dax)*, en guise de pain ; parce que c'est le plat national : *à tout seigneur, tout honneur.*

Mais, me direz-vous, ces mosaïstes enragés doivent au moins baisser pavillon devant l'œuf à la coque, dit le *rempart de la simplicité ?*

Ah ! bien oui... oyez plutôt :

Dès que les œufs à la coque font leur apparition en l'*atelier de la gueule*, un verre *ad hoc* est planté, triomphalement, par chaque artiste au milieu de son assiette. Les coquilles une fois brisées, leur contenu est vidé dans le cristal transparent ; on répand par-dessus une épaisse couche d'épices dont les plus doux spécimens sont : le *gingembre*, le *poivre de Cayenne* et le... *hanneton pilé*. On ajoute à cette affreuse mixture, de petits morceaux de pains *emmarmeladés ;* puis on pêche avec une cuillère dans ce marécage baptisé par moi : — bouillie à la *Jésabel*. Pouah !

Je n'ai pas vu manger d'huîtres aux Indes ; mais j'ai le droit de supposer qu'elles doivent être traitées de la même façon.

Les boissons les plus répandues sont : 1° un mélange de *brandy*, de *kirsch* ou de *whiskey* et d'eau de seltz *(soda water)*, c'est-à-dire un feu roulant de détonations à bon marché, 2° le *claret*, sorte de petit *ginglart* bordelais très passable. Si les grands vins sont de la partie, on sert à la queue leu-leu tous les crus de la cave; les alcools suivent ensuite, puis les liqueurs, puis la bière, puis le *pegs ;* puis on recommence jusqu'à ce qu'on en ait assez, — ou trop.

Le meuble sur lequel s'effectuent ces agapes *inclassifiables*, est un arsenal d'ustensiles de bouche, une vraie panoplie rappelant, en son espèce, celle de *Tartarin de Tarascon*.

La nappe disparaît sous une avalanche de couteaux, de fourchettes et de cuillers, de tout format; l'assiette principale est entourée de plusieurs autres satellites, de dimensions moindres, destinés à contenir les renforts hétérogènes de l'action principale : marmelades, salade de concombres, beurre, pommes de terre, confitures, etc., etc. En face, formant courtine, sont les innombrables verres; à droite et à gauche, se dressent deux bastions armés de fioles *porte-empoisonnants;* et enfin, devant ce formidable appareil gastronomique, se tient coite une malheureuse serviette, grande comme un mouchoir de poupée, ornée d'une frange dont l'utilité est indémontrable.

Les Anglais ont d'immenses qualités essentielles que je ne leur conteste pas; je sais que le séjour aux Indes, affadissant l'estomac, excuse l'abus des épices, je sais également que les légumes y sont rares et les viandes médiocres. N'importe : — les enfants de *John Bull* sont aussi déplorables cuisiniers que mauvais musiciens, et... ce n'est pas peu dire.

Par exemple, ce sont les premiers *paperassiers* du monde !... et pour ne pas les imiter, je brûle ce que j'ai écrit à ce sujet.

24 avril.

Suite de mes *notes-épaves*.

Si la cuisine est abominable aux Indes, en revanche, tous les services sont irréprochables et les installations parfaitement comprises. La forme la plus généralement adoptée pour les hôtels-bungalows est celle d'un papillon.

La tête de ce *lépidoptère* est marquée par une *vérandah*, le corselet par les salons et les salles à manger, l'abdomen par les cuisines, et les ailes éployées par les logements des voyageurs.

Chaque appartement comprend habituellement deux pièces : la chambre à coucher, ouvrant sur une galerie-auvent, close de nattes au besoin, et un cabinet de toilette donnant sur une cour postérieure. La simplicité la plus grande règne dans ces chambres aux murs blanchis à la chaux, ou peints de couleurs claires.

Au centre, quatre pieds supportent une natte de sangles, recouverte d'un mince matelas : c'est le lit; au-dessus est un moustiquaire, et au-dessus enfin de ce dernier, la ruche bienfaisante de l'indispensable punka.

A propos de cet instrument national, pour faire qu'on vous en donne, on n'a qu'à crier *tanâo*, pour faire cesser, on dit *çabour*. — Ces deux mots sont le résumé de l'existence de bien des gens aux Indes..... !

Je reprends : peu ou pas de meubles, les malles en font l'office, quelques sièges pratiques et une table de travail, avec punka... naturellement.

Vous voyez que les reptiles seraient fort embarrassés pour se cacher dans ces appartements, éclairés pendant toute la nuit, si on le désire, par surcroît de précaution; ajoutez à cela, que chaque boy, flanqué d'un ou de deux *punkistes*, habite sur ou dans sa couverture à la porte de son maître, et vous conviendrez qu'un voyageur n'est guère plus exposé dans les grands centres de l'Hindoustan que sur le boulevard des Italiens.

Restent bien les lézards et les insectes; —

mais les premiers ne sont-ils pas les *amis de l'homme*, et les seconds la nourriture des premiers ?

Passons maintenant, si vous le permettez, à la seconde pièce, séparée de la précédente par un léger rideau, en guise de porte.

Ici, deux meubles seulement, une baignoire ou une cuve, suivant les localités, et un... une... comment dirais-je...? un tabouret percé.

Chacun sait l'emploi de ces deux contenants, de forme, de capacité, et surtout d'usages différents ; mais tout le monde ne sait pas, qu'une garde spéciale veille à leur fonctionnement, et particulièrement à la netteté de la chaise pseudo-curule, doublée d'un chapeau de faïence.

Si jusqu'à présent je n'ai pas dit un mot, à dessein, des *castes hindoues*, je sors aujourd'hui de ma réserve, et je vous en présente une peu connue :

Sa devise est humilité, son arme un grossier pinceau, et son étendard le *pariah* des torchons. Bref, sa mission est de surveiller, avec les égards les plus exquis, les fonctions les moins distinguées de la nature humaine ; aussi ces spécialistes habitent-ils en famille, non loin de la natte en vétiver, ouvrant sur la cour postérieure, dont il a été question plus haut.

Eussiez-vous été, dans votre situation solitaire, moins bruyant qu'une momie égyptienne ou plus aphone encore qu'un poisson, votre action aura été, néanmoins, immédiatement perçue par les *guetteurs-Richer*, dont l'ouïe ou l'odorat ne saurait être pris en défaut, et, à peine avez-vous regagné votre chambre, que la natte se soulève pour donner passage à une sorte de *cloporte* humain, — narines au vent...

Vérifier, enlever, enterrer et replacer sont l'affaire de moins de temps que je n'en mets à vous le narrer; de sorte que, si d'aventure, après un *point d'orgue* bien gagné, un *bis repetita* s'impose, vous demeurez profondément stupéfait de ne plus retrouver ce que vous êtes bien sûr de n'avoir point emporté avec vous: — disparue, escamotée, envolée, la muscade! On est presque tenté de crier au *miracle* ou, tout au moins, au *voleur*. Dans ce cas, l'écho seul vous répond, car jamais on ne se trouve en tête-à-tête avec ces humbles soustracteurs des matières dernières, même au jour du *bakchiz*.

O Caste! j'ignore quelle place t'est réservée dans l'autre vie, mais au titre de l'égalité future, tu as droit à une large compensation!...

Si ce chapitre est jugé trop gaulois par le lecteur, mon excuse sera ma *nationalité*. Que voulez-vous? malgré moi, je me suis intéressé à ces déshérités de la fortune, je les ai étudiés avec complaisance, et maintes fois, j'en ai même... abusé peut-être; ne me reprochez donc pas trop de leur faire ici amende honorable, et croyez que, si je n'avais pas oublié mon latin, je vous en conterais bien d'autres, quitte à m'en excuser ensuite.

25 avril.

Rien de nouveau, car reparler des marsouins, des poissons volants et de la mer phosphorescente deviendrait fastidieux.

26 avril.

Encore une note volante à avaler :

Le règlement des dépenses dans les hôtels de l'Inde anglaise est trop bien organisé pour que je n'en parle pas.

Moyennant un prix fixé et affiché (5 roupies par jour, par exemple), chaque voyageur a droit à un appartement, installé ainsi que je l'ai dit précédemment, à trois grands repas allongés d'une collation, le matin, et d'un vaste thé, le soir, au punka, toute la journée, enfin à la jouissance de toutes les salles communes.

Tout extra, en sus des droits ci-dessus énumérés, nécessite un *bon* signé du demandeur; par exemple : bon pour un *peg*, bon pour un cigare, bon pour un *botle* de champagne, etc. etc. Quand on quitte l'hôtel, le babou secrétaire vous remet ces pièces à l'appui, en même temps que votre note, comprenant autant de colonnes qu'il existe de variétés de dépenses. Ces bons, réunis par un fil de fer, vous permettent de contrôler, sans discussion, les totaux, et il est juste de reconnaître qu'ils sont rarement inexacts. Peut-on toujours en dire autant des additions de nos hôteliers ?

Pendant que j'écris, un joli *paille-en-queue* passe et repasse devant moi; une terre ne doit pas être loin. En effet, en me retournant, j'aperçois à tribord comme une dentelle jaunâtre sur fond d'azur : c'est la côte d'Arabie; elle s'efface bientôt.

27 avril.

Au réveil nous sommes par le travers d'Aden, couvert de vapeurs brûlantes d'aspect sirupeux.

Vers deux heures, nous doublons le cap *Périm;* la température devient dès lors insupportable.

A la tombée de la nuit, une bande de grands et de petits *fous* s'abat sur le pont, les tentes et les haubans de notre paquebot : ce sont des oiseaux à longs becs, à ailes dépassant de beaucoup la queue, et à pattes extrêmement courtes, comme celles des *martinets.*

On m'assure que ce sont des fabricants distingués de *guano,* et que les îles *Abou-Ayle* leur doivent beaucoup; pour le moment ils sont très convenables, — et se laissent prendre à la main, sans trop... protester.

28 avril.

Rien ne vient troubler le calme admirable de notre navigation entre ciel et mer cobalt : rien, sinon une nouvelle invasion des mêmes oiseaux, et à la même heure. — Voilà des *fous* bien réglés!

29 avril.

Malgré la température de feu, les nuits sont si humides que ma couverture, sous laquelle j'étouffe, ruisselle, au réveil, comme une éponge.

Je vous laisse à penser si les moindres éléments de rhumatismes font les *rodomonts!*

Pendant la journée, j'esquisse une demi-insolation, en marquant un temps d'arrêt de quelques secondes, sous la tente simple : le thermomètre marque 38 degrés sous la double tente, 40 degrés dans ma cabine et 52 degrés au soleil.

30 avril.

Je prends, à mon petit lever, mon bain de mer habituel (en baignoire, bien entendu), l'eau y est à 30 degrés, ce qui me semble cependant frais par comparaison avec l'air ambiant. Vers la fin de la journée, grâce à un vent violent et subit, les vagues, faisant concurrence aux punkas et aux éventails, nous apportent un peu d'air respirable. J'en profite pour faire une sieste. — A demain.

1er mai.

A bâbord, apparition des terres de la Haute-Égypte sous la forme d'un liséré rose, puis d'une large bordure montagneuse de même couleur, balafrée de *strati* verdâtres ; le ciel est ocre foncé.

CHAPITRE XVI

Suez. — En quarantaine. — Bal des Pestiférés. — Nous manquons échouer dans le canal. — La Méditerranée est charmante : pas tant que ça ! — Le détroit de Messine et celui de Bonifacio. — Salut, France ! — Bonjour, Planier ! — Patatras ! en requarantaine au Frioul. — Le drapeau jaune est amené. — Je suis hussard comme devant.

2 mai.

Les côtes rocheuses se resserrent toujours davantage, le ciel devient de plus en plus rouge et la mer de plus en plus bleue ; la vigie signale enfin *Suez*, et, à dix heures et demie, nous mouillons juste en face des fontaines de Moïse, dont nous apercevons distinctement les bouquets de palmiers, aussi étiques que les chameaux qu'ils ont la prétention d'abriter. Le *Canton* a le doigt, ou plutôt le beaupré sur *Suez*, mais à grande distance, hélas ! car les autorités égyptiennes nous imposent une quarantaine de vingt-quatre heures, et se font dignement représenter à bord, par un diminutif d'eunuque, cacheté de rouge, qui doit nous garder à vue.

Nous venons de faire douze jours de traversée sans l'ombre d'une *coliquette :* le contrôle médical le reconnaît volontiers, nous avons même, presque tous, engraissé depuis Bombay ; bien plus, l'effectif des secondes s'est augmenté d'un petit passager. N'importe : l'hôpital ayant pris depuis longtemps l'habitude de se moquer de la Charité, il est tout naturel que le pays le plus contaminé moralement, physiquement et constitutionnellement, tienne à maintenir ferme cette inepte tradition. Il ne nous reste donc qu'à céder, et à illustrer notre grand mât du ridicule drapeau jaune des pestiférés.

On nous jette comme à des chiens notre courrier, à l'aide d'une boîte à ordures en fer-blanc, emmanchée d'un long bâton. — Oh ! ce bâton... et on consent à recevoir nos lettres, dans le même récipient, qui est immédiatement désinfecté.

De mon côté, pour un empire, je ne toucherais pas au désinfecteur, tellement sa face cadavéreuse est couverte de boutons : cet être doit avoir au moins vingt maladies mortelles, — sans compter celle qu'il affiche.

Pour nous *désagacer*, nous dansons jusqu'à une heure du matin, et nous menons un tapage d'enfer, au grand détriment du piano et du préposé à notre garde.

Avouez que, pour des cholériques, nous allons bien, — et qu'il vaut mieux être condamné par la *Santé* que par la cour d'assises.

3 mai.

Au moment où je monte sur le pont, le soleil écrête de ses flèches d'or les montagnes violacées de la côte d'Arabie et rosit du même coup tout l'occident : au fond du golfe, Suez semble une opale.

Sept bateaux, un autrichien *(Lloyd)*, un allemand et cinq anglais, partagent notre sort, ancrés autour de nous ; d'autres entrent processionnellement dans le canal, dont la bouche tentante bâille tout au loin ; d'autres, enfin, apparaissent ou disparaissent vers le sud, tout truité de vapeurs cuivrées.

Quel magique va-et-vient M. de Lesseps a enfanté là... d'un coup de sonde !

En fait de surprise agréable, on nous annonce que nous ferons vingt-quatre heures d'observation de plus, afin de compléter exactement les quatorze jours, ou mieux, les trois cent soixante-six heures jugées nécessaires, par l'épileptique commission sanitaire, pour rendre nos prétendus *microbes*, *baciles* et *mucors* aussi inoffensifs que l'Égyptien de garde.

Le temps est relativement frais, aussi notre sauterie nocturne atteint-elle le paroxysme de l'animation ; le cerbère khédival en bâille bleu !

4 mai.

A six heures du matin l'homme au *fez* quitte enfin notre bord : bon voyage ! et nous sommes libres de marcher au canal : — il n'est que temps.

Je fais grâce au lecteur de notre navigation à travers sable, qu'aucun épisode important ou drôlatique ne vient troubler. Nous couchons dans les grands lacs.

5 mai.

Reprise de notre marche insipide ; dans l'après-midi, grâce à la maladroite manœuvre d'un *cargo-boat* allemand, qui nous précède, nous manquons échouer. Déjà le ventre du *Canton* monte sur le rebord est du talus, et ses mâts s'inclinent lentement à gauche : *trois tours en avant!* commande le capitaine; une résistance inquiétante se produit, puis tout cède, et nous retombons lourdement dans le canal. Sans cette prompte détermination, nous étions peut-être immobilisés pour un jour ou deux.

A sept heures et demie enfin, nous atteignons Port-Saïd comme le transport la *Sarthe* le quitte.

Inutile de dire que nous envahissons beuglants et roulette, mais plus la ville noire, récemment détruite par un incendie.

— Oncques ne vit pareil auto-da-fé d'insectes!

Allégé de mes dernières roupies par les soins des croupiers, dignes collaborateurs de la guigne, je remonte à bord, et quelques instants après, la terre d'Égypte disparaît dans la nuit, pâlissant déjà devant le *crest* de Mahomet : — lisez la nouvelle lune.

6 mai.

Un bon point, cette fois, à la Méditerranée pour la dignité de sa tenue; par exemple, je trouve le soleil un peu terne, et le temps presque trop frais. Quant au ciel, il s'est enjolivé de *queues de vaches*... sacrées évidemment : on n'est pas plus galant pour de vieilles connaissances, retour de l'Inde; mais attendons la fin, car c'est un signe de vent, dit-on...

A partir d'aujourd'hui, les punkas sont mis au clou : nos Chinois ne s'en plaindront pas.

7 mai.

Je constate quelques larges déchirures au manteau de neige de la *Crète*. Au soir, bal acharné.

8 mai.

A partir du cap *Matapan*, la mer est un « *peu houleuse*, » comme dans la chanson du *Vengeur;* cependant nous jouons aux barres une bonne partie de la journée. Vers cinq heures, la houle grossit d'une manière inquiétante, *stomachalement* parlant.

9 mai.

Pendant la nuit, la mer est complètement démontée; je suis réveillé par un remue-ménage de toutes choses dans ma cabine; je veux y mettre ordre : — quelle *bouillabaisse*, bon Dieu !

Bientôt le roulis et le tangage prennent des proportions ridicules... Je suis atrocement malade...

D'ailleurs, sur trente-deux passagers, cinq seulement, y compris mon ami, peuvent déjeuner; et encore...

On me dit qu'un officier et plusieurs matelots ne valent pas mieux que moi : — cela me remet un peu.

Vers trois heures, je me traîne sur le pont, d'où je passe tristement en revue, quoique champagne en main (le champagne m'étant très recommandé), le cap *Spartivento*, assez insignifiant, la proprette *Mélito*, qui baigne toujours *ses pieds blancs dans l'azur des flots*, et le télégraphe *dall' Armi;* sans compter un pittoresque éparpillement de villages et de bourgades, accrochés en *billebaude* aux flancs des monts de *Calabre*.

Pendant un instant, le train de *Reggio* court le long du rivage comme un joujou, semblant lutter de vitesse avec nous, puis, du côté opposé, se montre la masse montagneuse de la *Sicile*, dominée par le mont *Etna* encore tout emmitouflé de neige. A ce moment, la mer tombe comme par enchantement, pour me permettre, sans doute, de mieux admirer Reggio.

Mon imagination d'ancien cuirassier y voit le *massacre* d'un casque gigantesque, qui aurait pour *cimier* un menaçant contrefort du mont *Alto* (!).

Plus le détroit se resserre, plus ses bords deviennent ravissants. La côte italienne, surtout, est merveilleusement belle, avec sa haute couronne murale de rochers, sa verdoyante ceinture de mûriers, et sa plage riante, toute festonnée de moussure d'argent.

Voici, à notre gauche, *Messine* mirant ses blanches maisons dans les flots, à peine ridés, de *Charybde;* en face, la grappe fleurie de *Scilla* étalée sur son antique rocher tout enguirlandé de pampres et de lierre, et enfin, vers le couchant, où notre trirème à vapeur tourne majestueusement sa proue, les noires silhouettes des îles *Lipari.*

A dix heures, nous passons à quelques encâblures d'un gigantesque *plum pudding*, au-dessus duquel erre comme un feu follet : c'est le *Stromboli*, très éteint depuis quelques années. — Mais, assez de bavardage aujourd'hui : *felice notte.*

10 mai.

La Méditerranée, unie comme un miroir, est d'une couleur émeraude admirable; jamais l'expression marseillaise : *la mar semblo d'oli* * ne m'a paru plus exacte.

11 mai.

Bien que nous ayons passé, vers trois heures du matin, le détroit de *Bonifacio*, je distingue parfaitement encore, au réveil, la Corse et la Sardaigne étendant jusqu'à perte de vue les arêtes neigeuses de leurs montagnes boisées.

Je suis d'ailleurs presque le seul à m'occuper de la belle nature. Jamais, en effet, notre pont n'avait été semblablement animé d'aussi bonne heure; on va, on vient, on monte, on descend; c'est un feu roulant de *mornings* par-ci et de bonjours par-là; on se rend des livres prêtés, on échange de petits souvenirs. Tout le monde est du même avis, sauf sur l'heure et sur le point exact où la terre de France se montrera : aussi les jumelles, fourbies à fond, sont-elles braquées et rebraquées avec acharnement vers la zone probable de cette apparition.

Il est juste de dire que, par une délicate attention, le soleil de Provence a revêtu ses plus écla-

* La mer semble être de l'huile.

tants rayons, pour nous permettre d'apercevoir de plus loin sa *gueuse parfumée.*

Après maintes fausses découvertes, les îles d'Hyères nous apparaissent, à quatre heures du soir, sous la forme d'un léger duvet dont nous distinguons bientôt les formes verdissantes. Le cap *Sicié* vient ensuite occuper l'objectif de nos lunettes, puis la chaîne de la *Sainte-Baume*, puis enfin, droit à notre beaupré, dans l'occident couperosé où descend le soleil, l'île de *Mayre*, saluée au départ.

A ce moment, *Planier* jette vers nous son premier éclair et la nuit se fait; malheureusement, la lune s'est sans doute attardée à quelque rendez-vous, et son confident, le brouillard, s'enfle si bien, pour cacher sa faute, qu'il serait réellement dangereux de marcher plus en avant.

Nous jetons donc l'ancre vis-à-vis du *Roucas blanc* et nous allons nous coucher, en — maugréant contre l'inconduite des étoiles en général, et contre celle des planètes en particulier.

12 mai.

Un grand bruit me réveille : je mets le nez à mon hublot, et je ne vois que rochers nus, en fait d'horizon...

Où suis-je? Qu'est-ce? ai-je donc rêvé hier au soir?

Tout m'est promptement expliqué : nous *requarantainons*, de par la Faculté! Il paraît que nous sommes tous tellement malades, que nous ne pouvons même pas nous en apercevoir.....!

C'est parfait. Allons! vive le drapeau jaune, et en avant les dépêches par fil désinfecté.

Après le déjeuner, le directeur de l'asile *Pomègue-Ratonneau*, nous ayant accordé l'insigne faveur de faire une promenade de deux heures, à condition, toutefois, de ne pas dépasser les limites assignées — à notre genre de maladie, nous allons chasser au lézard sur les rochers brûlants et cueillir, non la fraise, mais quelques fleurs, plus parfumées que belles, pour nos aimables compagnes de voyage.

Le soir donc, notre festin d'adieu est présidé par un naïf surtout de fleurs sauvages, dont les plus fines émaillent bientôt corsages et chevelures; puis, nous ordonnons au champagne d'étouffer, sous ses pétillantes cascades, — toute velléité de regrets...

13 mai.

Dès cinq heures du matin, le *Canton*, libre

enfin, s'ébranle avec le jour pour quitter sa prison. A peine ai-je le temps, en achevant mes paquets, d'entrevoir Marseille enfouie sous un édredon violacé, où les coupoles de sa cathédrale mettent leurs taches d'or, que nous sommes définitivement immobiles.

Sur le quai des Anglais, mon frère Emmanuel fait les cent pas en m'attendant; je suis bientôt à lui. Une heure après, grâce à l'exquise courtoisie de M. Dany * qui veut bien adoucir, en notre faveur, les formalités de la douane, j'ai retrouvé parents, camarades, habitudes, et j'ai repris mon train-train de hussard, ravi d'être allé aux Indes, enchanté d'en être revenu, et tout prêt à repartir vers de nouveaux pays, — pourvu que ce soit avec le même ami.

* Directeur des douanes.

Marseille, octobre 1884 et août 1885.

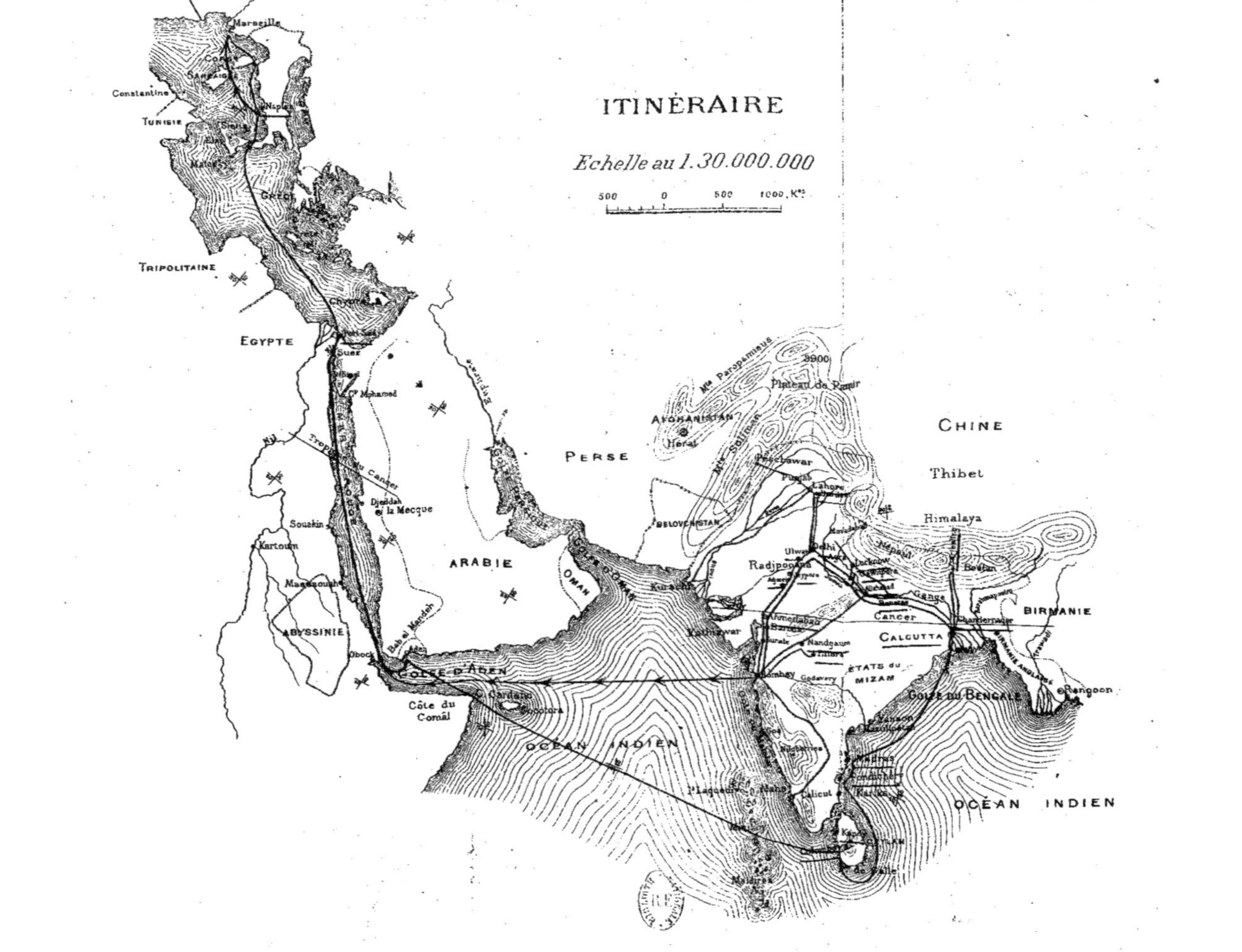
ITINÉRAIRE
Echelle au 1.30.000.000
500 0 500 1000 K^{m}
Marseille
Constantine
Tunisie
Tripolitaine
Egypte
Suez
Nil
Tropique du Cancer
Djeddah
la Mecque
Souakin
Kartoum
Abyssinie
Obock
Bab el Mandeb
Aden
Golfe d'Aden
Côte du Comâl
Socotora
Arabie
Oman
Perse
Afghanistan
Hérat
Plateau de Pamir
Beloutchistan
Peschawar
Lahore
Radjpoutana
Kurachi
Bombay
Godavery
États du Nizam
Calcutta
Cancer
Gange
Chine
Thibet
Himalaya
Birmanie
Rangoon
Golfe du Bengale
Océan Indien
Calicut
Madras
Pondichéry
Maldives
Kandy
de Galle

TABLE

TABLE

Pages.

Achevé d'imprimer

Le quinze février mil huit cent quatre-vingt-sept

PAR

ALPHONSE LEMERRE

25, RUE DES GRANDS-AUGUSTINS

PARIS

VOLUMES IN-18 JÉSUS, IMPRIMÉS SUR PAPIER VÉLIN

Chaque volume, 3 fr. 50.

ANATOLE FRANCE...	*Les Désirs de Jean Servien*.......	1 vol.
HECTOR FRANCE...	*L'Amour au pays bleu*..........	1 vol.
GLATRON.........	*La Nièce du curé*..............	1 vol.
—	*Les Disciples de l'abbé François*...	1 vol.
—	*Speranza*....................	1 vol.
LUIGI GUALDO.....	*Une Ressemblance*..............	1 vol.
—	*Un Mariage excentrique*.........	1 vol.
ÉDOUARD HABERLIN.	*Les Employés*................	1 vol.
—	*Le Capitaine Girard*...........	1 vol.
HAMILTON........	*Le Conte des 4 Facardins*........	1 vol.
PAUL HERVIEU.....	*Les Yeux verts et les yeux bleus*...	1 vol.
CH. HUGO.........	*Les Hommes de l'exil*...........	1 vol.
JACQUES LA RONCE.	*Les Tubeuf*..................	1 vol.
LECONTE DE LISLE...	*Iliade*......................	1 vol.
—	*Odyssée*....................	1 vol.
JULES LEMAITRE.....	*Sérénus. — Contes d'autrefois et d'aujourd'hui*............	1 vol.
CAMILLE LEMONNIER.	*Les Charniers*................	1 vol.
DANIEL LESUEUR...	*Marcelle*....................	1 vol.
—	*Un Mystérieux amour*...........	1 vol.
HENRI LIESSE......	*On n'aime qu'une fois*..........	1 vol.
FRANCIS MARATUECH.	*Rocailles. Choses de mon pays*....	1 vol.
MARC MONNIER....	*Nouvelles napolitaines*..........	1 vol.
JOSEPH MONTET....	*Les Adorées*..................	1 vol.
PAUL HAGUET......	*Boris Trofimoff*...............	1 vol.
POUVILLON.......	*Césette* (histoire d'une paysanne)..	1 vol.
—	*L'Innocent*..................	1 vol.
—	*Jean-de-Jeanne*...............	1 vol.
DE PONTEVÈS-SABRAN	*L'Inde à fond de train*..........	1 vol.
N. QUELLIEN......	*Loin de Bretagne*.............	1 vol.
ROBIDOU.........	*La Dame de Coëtquen*..........	1 vol.
ROBINOT-BERTRAND.	*Les Songères*.................	1 vol.
JOSEPH ROUX......	*Pensées*.....................	1 vol.
AUGUSTE SAULIÈRE..	*Les Guerres de la Paroisse*.......	1 vol.
LOUISA SIEFERT....	*Meline*......................	1 vol.
ANDRÉ THEURIET...	*Péché Mortel*.................	1 vol.
—	*Bigarreau*...................	1 vol.
JULES TROUBAT....	*Le Blason de la Révolution*.......	1 vol.
LOUIS VERBRUGGHE.	*Les deux Singes*...............	1 vol.

Paris. — Imp. A. Lemerre, 25, rue des Grands-Augustins

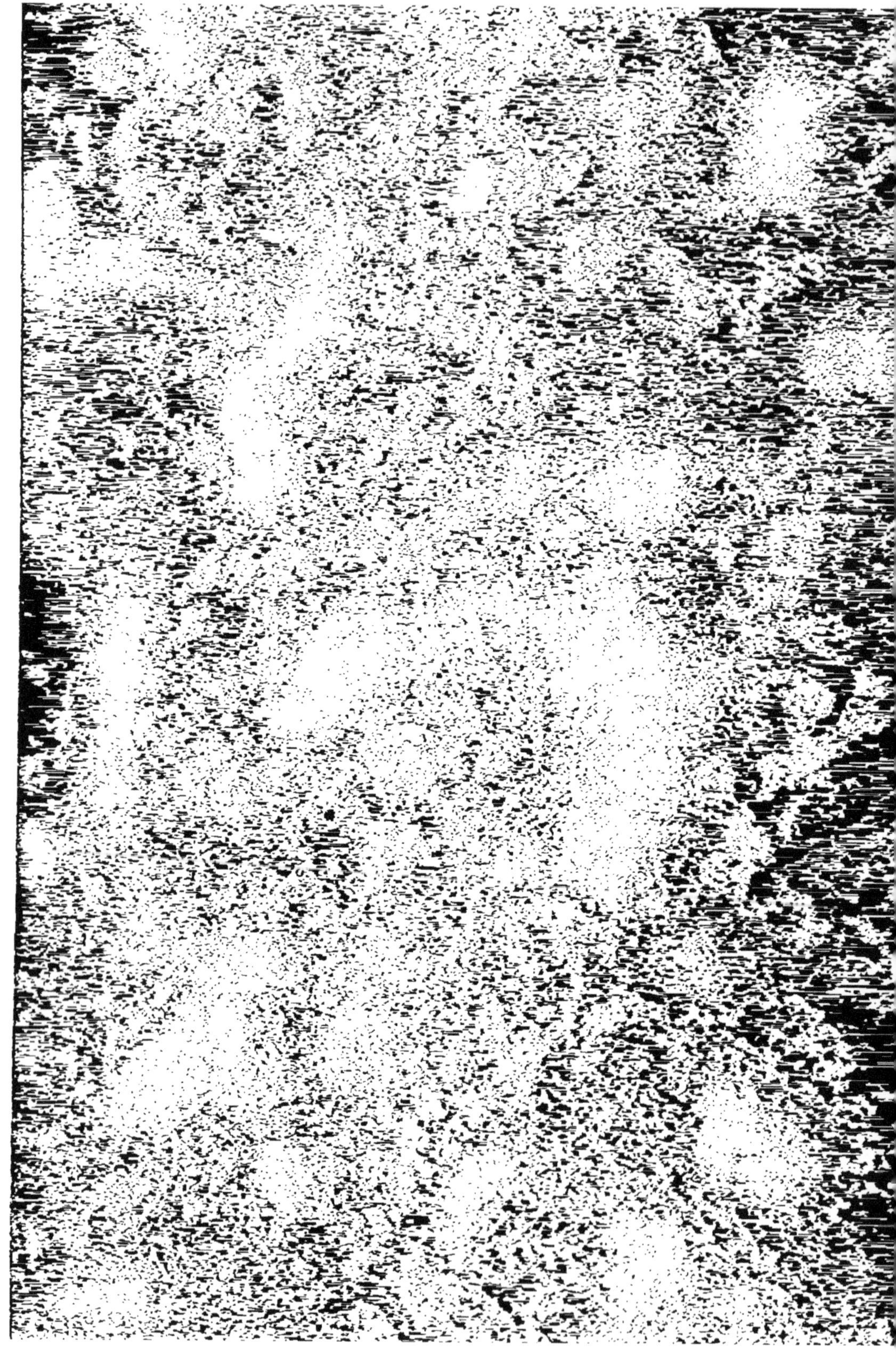

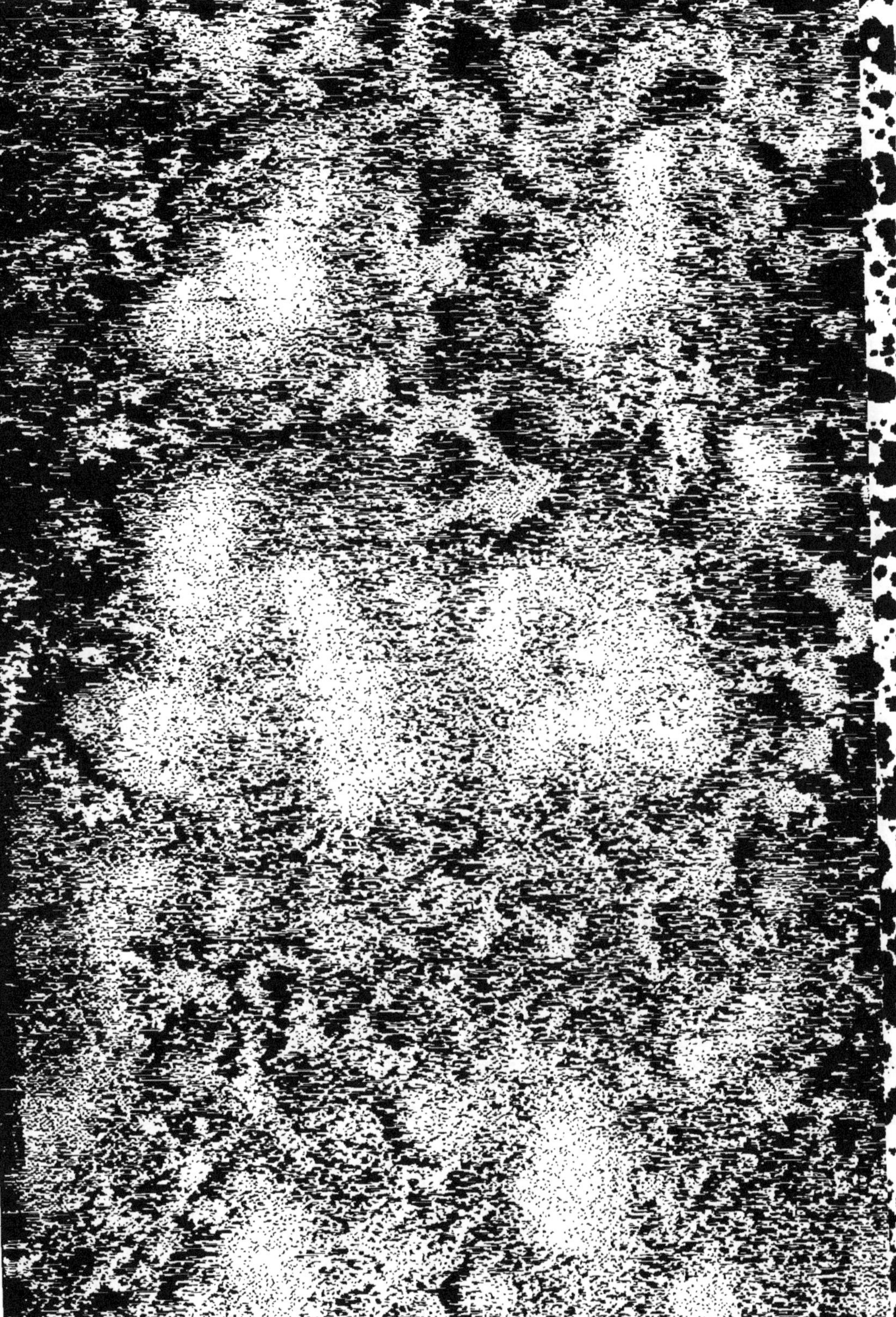

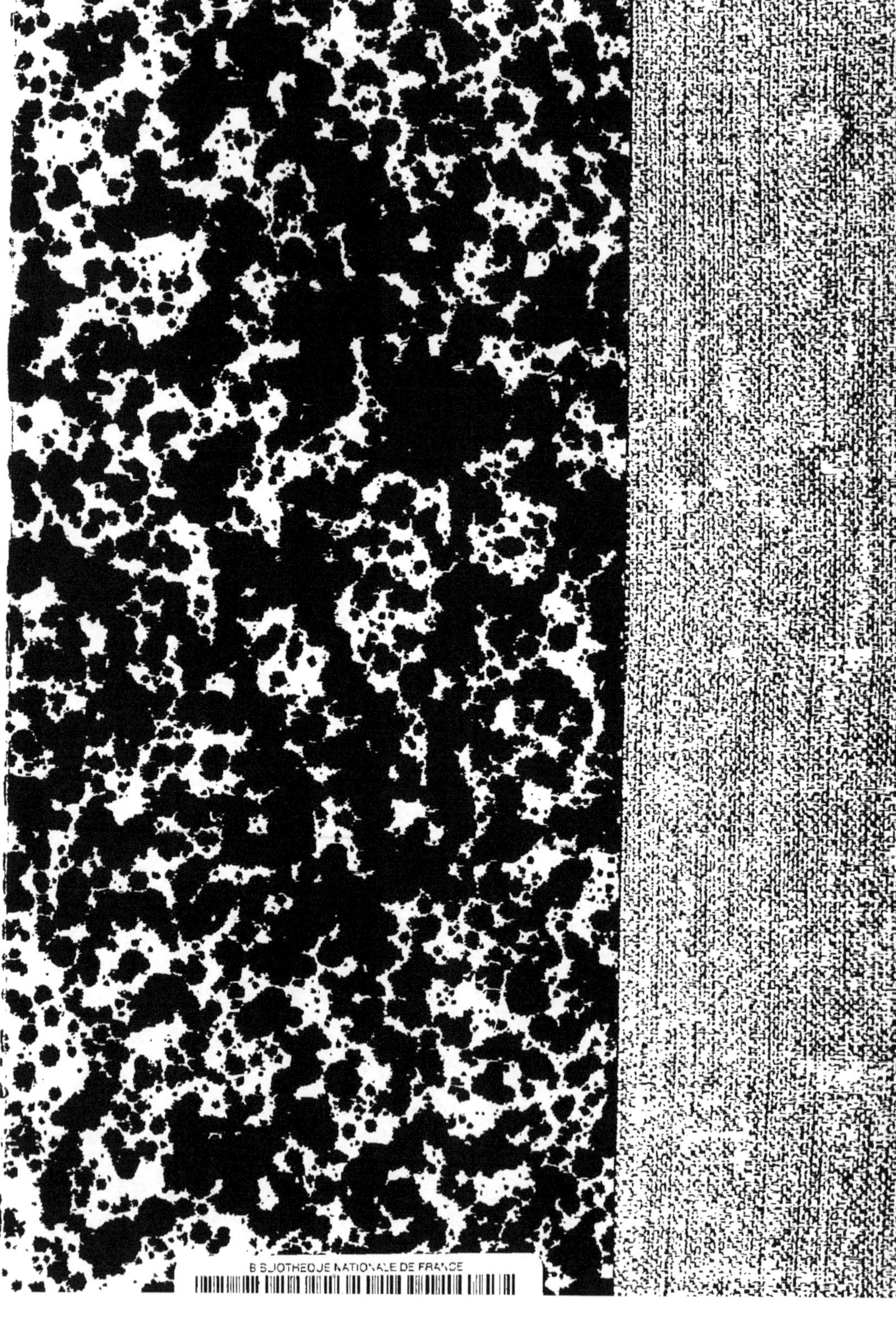